Petit Voyage

DE

TROIS RATS DE CAVE

A CHERBOURG,

OU

UN TOUR DE ROUANNE.

PARIS, IMPRIMERIE DE DECOURCHANT,
Rue d'Erfurth, n° 1, près de l'Abbaye.

Bataille d'Hiérommit.

PETIT VOYAGE

DE

Trois Rats de cave

A CHERBOURG,

OU

UN TOUR DE ROUANNE;

NOUVELLE

TRÈS-PROFONDE, TRÈS-SCIENTIFIQUE, TRÈS-INSTRUCTIVE, TRÈS-
INTÉRESSANTE, ET SURTOUT TRÈS-AMUSANTE ;

ORNÉE

D'une jolie Vignette , d'une plus jolie Gravure ,
D'un Plan du grand port de Cherbourg ;
Enrichie d'une superbe Héroïde sur la Tempête du 12 février 1808;

ET DÉDIÉE

A TOUS LES RATS DE CAVE DE LA FRANCE,
GROS ET PETITS , PASSÉS , PRÉSENS ET FUTURS.

PAR **G. F. C. D'HERMILLY**,
Employé supérieur des Contributions indirectes, retraité.

PARIS,

L'HUILLIER, ÉDITEUR,
RUE HAUTEFEUILLE, N° 20;

LEVAVASSEUR, LIBRAIRE, AU PALAIS-ROYAL.

—

1829

Petit Voyage

DE

TROIS RATS DE CAVE

A CHERBOURG,

ou

UN TOUR DE ROUANNE.

~~~~~~

CHAPITRE PREMIER,

ou

PREMIER DIXIÈME.

Préface, introduction, tout ce qu'on voudra.

———

Le voyage que je vais écrire est peut-être du nombre de ceux qui doivent être précédés d'une épître

1

dédicatoire ou d'une préface; cependant je ne ferai ni préface ni dédicace. Je suis trop avare de ce qui peut fatiguer mes amis pour essayer de les faire dormir tout éveillés. Si, malgré cette réserve, leurs yeux se ferment en lisant mon petit voyage, j'espère qu'ils me sauront au moins gré de ne pas leur avoir causé plus d'ennui.

Fort bien! Je ne veux pas écrire de préface, et ceci en a tout-à-fait l'air! C'est égal; poursuivons.

Mais que vais-je dire pour commencer mon récit?... D'honneur, je suis presque aussi embarrassé que l'était le bailli de la *Dot* pour trouver une rime *à la belle Aurore*. Il faut pourtant commencer, il faut entrer en matière : m'y voici.

J'étais tout bonnement occupé des nobles fonctions de l'emploi que j'occupais à Carentan (*), lorsqu'un beau matin deux de mes amis entrèrent, sans frapper, dans mon appartement. Comme il me servait tout à la fois d'antichambre, de salon de compagnie, de salle à manger *pour le matin*, de chambre à coucher, de boudoir, de magasin de vieilles bottes et de cabinet de travail, ils furent auprès de moi en moins de temps qu'il n'en faut pour lever les yeux, et je fus frappé d'un grand coup sur l'épaule gauche avant que j'eusse songé à me retourner.

(*) Receveur à cheval, ou particulier ambulant ; comme on voudra.

A ce coup inattendu, je m'agitai sur ma chaise pour envisager la personne qui se permettait de m'attaquer si vigoureusement. J'étais presque en colère; mais à la vue d'Édouard et d'Auguste, mes deux amis, mes deux camarades, car nous étions tous trois ce que le vulgaire appelle ordinairement des RATS DE CAVE, mon ressentiment disparut comme l'éclair. Ils se jetèrent à mon cou ; je les serrai dans mes bras, et les démonstrations de la plus franche amitié terminèrent cette scène *touchante*.

« Quel heureux hasard, leur dis-je, me procure, mes bons amis, le plaisir de vous voir et de vous embrasser?

—Mon cher Gellis, me répondit

Édouard, le motif de notre voyage n'est pas aussi plaisant que tu le penses. Tu sais que, depuis long-temps, nous avions formé le projet d'aller visiter le port et les travaux de Cherbourg ; un contrôleur ex-traordinaire, que tu connais, le fa-meux M. DE CLIGNANT (*), vient d'imposer à Auguste l'obligation d'y aller résider, et à moi celle de me séparer de lui ; tu dois sentir com-bien cet ordre est accablant pour nous.

— Que le diable emporte M. de Clignant ! m'écriai-je, puisqu'avec lui les bons et les mauvais employés doivent subir le même sort. Au sur-

(*) Son véritable nom est St-Did...

1.

plus, mes chers amis, il faut sup-
porter ses maux avec patience, et
savoir, avec certaines gens, manger
son pain de gueux, et se taire. Je
vous accompagnerai à Cherbourg;
le plaisir nous y suivra; et si le chagrin nous y surprend, ce ne sera
qu'en nous séparant d'Auguste pour
revenir passer le collier dans nos ré-
sidences respectives. »

~~~~~~

CHAPITRE II,

ou

SECOND DIXIÈME.

Carentan. Dîner. Promenade. Punch. Tempête. Anecdote dramatique, etc.

———

Le jour de notre départ fut arrêté au lendemain 13 mai 1809. Après avoir fait nos dispositions et retenu des places dans une voiture d'occasion, nous nous rendîmes chez madame de Bordonde, mère d'Auguste, qui nous avait engagés à dîner. Nous y trouvâmes MM. Richebourge et Fédéricile, jeunes gens qui, comme nous, savaient profiter des instans que le plaisir embellissait. Le dîner fut excellent. Les vins exquis qu'on nous servit produisirent leur effet. Les plaisanteries, les bons mots, les traits heureux sillonnèrent la table avec une extrême rapidité. Madame de Bordonde eut souvent l'occasion de nous faire admirer son esprit, encore bien qu'elle n'eût pas fait usage du stimulant qu'elle nous versait avec tant de grâce et de profusion. On servit le café ; la folie nous suivit au salon ; mademoiselle Arsène, une des sœurs d'Auguste, se mit au piano ; on fit de la musique, et l'on dansa.

Malheureusement madame de Bordonde ne dansait plus et n'aimait pas trop la musique. Elle témoigna le désir d'aller voir les travaux que le gouvernement faisait exécuter sous la ville : c'était un ordre! il fallut obéir, renoncer à la valse, et même à un beau duo de Graverand dans lequel nous avions, Auguste et moi, captivé l'oreille des amateurs.

On partit. Après avoir parcouru les divers bassins que formait l'ouverture du canal d'assèchement des marais du Cotentin, nous arrivâmes sur l'emplacement de l'écluse. C'est là que les malheureux qui avaient fui leurs drapeaux étaient employés aux épuisemens. Leurs bras agitaient sans cesse de grandes vis d'Archimède qui portaient les

eaux à plus de vingt pieds au-dessus
du point où jaillissaient leurs sour-
ces; ou enlevaient dans les airs des
masses énormes (1) qui, en retom-
bant, faisaient retentir les échos du
coup qu'elles avaient frappé, en en-
fonçant dans la terre des arbres entiers qui devaient servir de base à
l'édifice.

Lorsqu'un spectacle, admirable
d'ailleurs, fait naître des idées péni-
bles, il est naturel de s'en éloigner.
« Promenons-nous, dit madame de
Bordonde, dirigeons-nous vers le
grand canal. »

Les eaux qui le remplissaient
étaient si calmes, si pures, que je ne
pus résister au besoin que j'éprou-
vais de me baigner. J'en fis part à
mes amis; et, profitant du moment

où madame de Bordonde s'éloignait avec sa société, nous prîmes, d'un commun accord, la résolution de braver le zéphyr, dont le souffle était en ce moment un peu vif.

L'exécution suivit de près; se déshabiller, se jeter à la nage fut pour nous l'affaire d'une minute.

Six hommes qui se précipitent à la fois dans les ondes, le bruit qui naît de leur chute et retentit le long du rivage, font un événement qui attire presque toujours les yeux de la multitude. Bientôt les deux côtés du canal furent bordés de curieux de tout sexe et de tout âge : c'était à qui nous verrait! On se pressait, on ne perdait pas un seul de nos mouvemens! Nous arrivâmes ainsi jusqu'au pied de la digue qui s'op-

pose aux efforts de la mer et l'empê-
che d'engloutir sous ses flots les ouvriers qui travaillent aux fondations
de l'écluse. Son sommet était garni
d'une foule immense d'hommes, de
femmes, d'enfans, au milieu desquels nous pouvions remarquer
de jeunes et jolies grisettes, dont
les yeux semblaient attachés sur
nous avec inquiétude et curiosité : regards purs de l'innocen-
ce, combien vous êtes attrayans !
Que de charmes pour de jeunes
têtes dans une telle situation! Pour
la prolonger , en regagnant le
bord où se trouvaient nos habits,
au signal de M. Fédéricile, nous
prîmes tous notre élan sur le dos.
Au même instant il se fit, sur la
digue, un mouvement dont la cause

n'était pas alors très-sensible pour nous; mais on aurait juré qu'on y avait fait aussi quelque signal, car toutes les têtes de jeunes filles se retournèrent à la fois, et avec tant de promptitude, qu'on aurait volontiers cru qu'une seule les faisait mouvoir.

La nuit commençait à déplier ses voiles; le froid nous saisissait. Nous nous rajustâmes promptement pour courir à la recherche de la société de madame de Bordonde; elle avait disparu. Quelques-uns des nageurs se plaignirent de l'effet du bain, qui contrariait, disaient-ils, la digestion du bon dîner qu'ils avaient fait; pour la rétablir, je les engageai tous à venir chez moi prendre du punch.

A peine en avions-nous bu deux

ou trois verres, qu'il s'éleva dans ma chambre une tempête que je n'avais pas prévue, dont les résultats, quoiqu'assez connus, ne furent pas agréables pour tous les chevaliers de ma table ronde.

Sous la puissance d'Édouard, qui, dans cette circonstance, était un véritable Borée, les vents du midi commencèrent à se faire *sentir*, s'accrurent insensiblement, et finirent par éclater avec tant de force, que toute résistance devint impossible. Je m'enfuis avec plusieurs de mes compagnons. Les uns cherchèrent un refuge dans les coins de ma chambre, les autres au fond de mon alcôve; toutes ces précautions ne purent les mettre à l'abri de l'orage, qui devint si violent, que mon plafond en fut ébranlé, et que mes fauteuils et mes chaises en dansèrent, entre eux, une ronde.

Au bout d'une heure il s'apaisa enfin. Nous croyant désormais à l'abri de ses coups, je me flattais particulièrement de n'avoir plus à combattre que le brouillard fétide qui restait après lui. Les bras en l'air, les yeux levés, j'invoquais l'azur des cieux, quand les vents du nord se firent entendre tout-à-coup, apportant avec eux une odeur aigre-douce, peu propre à raréfier l'atmosphère. Jaloux de leur présence, les vents du midi, portant la foudre dans leurs flancs, reparurent avec une nouvelle impétuosité. Pour éviter leur furie, je courus me tapir derrière mon secrétaire, où j'attendis, le verre de punch à la main et la prise de tabac dans les doigts, que leur querelle fût terminée. Quand je reparus, leur agitation parodiait assez bien l'harmonie d'un concért de bassons qu'on entend dans l'éloignement. Ce fut pour nous l'objet d'une conversation *entrecoupée*, qui nous permit, quelques instans après, de reprendre nos places à côté d'Édouard, que je surnommai le héros de la tempête.

Auguste, qui s'était caché derrière mon lit, y avait remarqué un manteau de femme en satin; il se lève, va le chercher, et l'ajustant sur ses épaules, me demande froidement si c'était avec cela que je faisais mes tournées. Cette question inattendue, la manière dont il me l'avait

adressée, l'attitude grotesque qu'il
avait prise, tout concourut à nous
occasioner d'abord un accès de rire
qui ne me permit pas de lui répondre. Chacun ensuite avait exprimé
ses conjectures ; et comme le manteau, qu'il conservait toujours,
compromettait à chaque instant l'in-
nocence et la vertu, je sentis que,
par respect humain, je devais
m'empresser de justifier des noms
qu'il n'avait jamais couverts. « Messieurs, dis-je, l'aspect de ce manteau
qui excite vos soupçons et fait naître
tant de réflexions injurieuses pour
les personnes qu'elles concernent,
n'a servi qu'à une seule ; je dois vous
la nommer, puisque je n'ai pas
d'autre moyen de vous éclairer sur
vos torts, et de rendre à des noms

2.

que vos avez flétris, l'estime et la considération qu'ils méritent. Ce manteau appartient.... au commandant Potel !.... (Écoutez ! écoutez !....) La curiosité est, comme vous le savez, un péché capital, surtout lorsqu'elle a pour but de pénétrer un secret que l'amour ne permet pas d'avouer. Le commandant s'est servi de ce manteau pour la punir; voici à quelle occasion.

» L'été dernier, je recevais assez souvent chez moi, le soir, une jeune étrangère que j'aimais et qui me payait de retour... — Notez, messieurs, dit malicieusement Édouard, que la jeune personne était une étrangère. — Oui, répondis-je, elle n'était point de la ville; mais ne m'interromps pas. Je la reconduisais, or-

dinairement, un peu avant le jour. Je
ne tardai pas à m'apercevoir que
nous étions suivis par une femme
qui nous obligeait quelquefois, pour
éviter sa rencontre, à faire de très-
grands détours ; et peu de temps
après, je remarquai qu'elle était
sortie de cette maison presque aussitôt que nous. De ce moment, mon
espion me devint redoutable, et je
résolus de m'en débarrasser par
quelque moyen que ce fût. Je fis
part de mes craintes au commandant Potel, avec lequel j'étais extrê-
mement lié ; nous nous entendîmes
pour l'exécution du projet que
j'avais médité. Un soir, vers minuit, je l'introduisis chez moi, vêtu
de ce manteau que je m'étais pro-
curé. Nous y fîmes un écarté, en

buvant de l'hippocras, jusqu'à deux
heures et demie. Il reprit alors son
manteau; nous descendîmes mys-
térieusement; mais, au lieu de sor-
tir avec lui, je m'embusquai sous
la porte cochère. Presque aussitôt
une femme, à demi vêtue, se di-
rigea, en passant tout près de moi,
vers la porte, l'ouvrit, et disparut !
Je m'étais muni d'un petit coin de
bois que j'ajustai promptement
dans le support du loquet; bien sûr
ainsi que mon espion ne pourrait
rentrer qu'avec mon consentement,
je remontai me placer en sentinelle derrière ma croisée que j'a-
vais entr'ouverte. Comme trois heures sonnaient à la ville, j'entendis
remuer une clé dans la serrure, et,
un instant après, frapper modeste-

ment. « Qui est là? dis-je en ouvrant ma fenêtre. — C'est moi. — Qui vous? — Vous devez bien me reconnaître, M. Gellis? — Du tout. — Je suis votre hôtesse, madame Durange, enfin. — Madame Durange! m'écriai-je, malheureuse! Oseriez-vous compromettre le nom d'une femme respectable! Madame Durange doit à ses demoiselles l'exemple d'une conduite régulière; elle dort, et ne s'amuse pas à courir les rues, au milieu de la nuit, dans le costume que je vous vois. Eloignez-vous! ou je vais vous traiter comme vous le méritez! » En ce moment une patrouille, que le commandant avait dirigée, s'arrêta sur la place en criant : « Qui vive! » Je répondis que c'était une aventurière qui cher-

chait à s'introduire dans la maison.
« Puisqu'il en est ainsi, dit le capo-
ral, nous allons l'emmener au corps-
de-garde; elle y sera mieux qu'au
grand air. — Mais, monsieur le ca-
poral, je vous assure...... — Je n'é-
coute rien ; en avant! marche!.....»
Et voilà mon espion féminin, presque nu, au milieu d'une douzaine
de grenadiers! A six heures et demie, l'officier du poste fit conduire
la perturbatrice de mon repos chez
le juge de paix, qui, reconnaissant
en elle sa cousine, lui fit donner
une robe de sa femme, avec laquelle, le commandant et moi,
nous la vîmes rentrer chez elle à
huit heures. — Qu'était-ce, enfin?
dit Édouard. — Eh parbleu! madame Durange elle-même!!!...

— Je connaissais l'aventure, dit
Auguste, je l'ai entendu raconter
dans vingt salons avec des variantes
qui m'aideront à en faire, quelque
jour, une petite pièce, que, dans
l'intérêt des jeunes étrangères qui
veulent bien nous accorder un peu
de confiance, nous jouerons en société. Je retiens ce manteau pour la
représentation, à laquelle je veux
faire inviter ta noble hôtesse...—
Pour la convaincre, ajouta le mo-
raliste Richebourge, qu'ainsi qu'une
bonne action porte avec soi sa récompense, toute indiscrétion qui
lui est contraire est toujours suivie
de sa peine.

— La pauvre femme! s'écria Fédéricile; plaignez-la donc! Quel malheur que l'obligation de passer une

partie de la nuit au milieu d'une
douzaine de beaux garçons! Ah!
j'en connais qui, à sa place, n'auraient dit que deux mots : « Mon
Dieu! délivrez-moi de l'officier!... »

Cette saillie ayant heureusement
terminé mon récit, nous sortîmes
pour aller faire un tour de place.
Le pont qui sépare la ville du fau-
bourg Holgate se trouve à l'extrémité. Nous y aperçûmes une jeune
et jolie fille qui portait quelque
chose dans son tablier. Nous nous
tenions par le bras, Édouard, M. Richebourge et moi; nous la serrâmes
de si près dans une des embrasures
de la porte, qu'il lui fut impossible
de passer outre. Il lui fallut con-
sentir à nous entendre. Son em-
barras, frère de l'ingénuité, ses for-

mes rondes et agaçantes, livraient
à nos sens un terrible combat. Nous
lui fîmes des propositions qu'elle
écoutait avec docilité ; déjà même
la victoire nous semblait assurée,
lorsque la traîtresse s'éclipsa par
l'aile gauche, que M. Richebourge
gardait. Pour le plaisanter sur une
maladresse dont il était tout préoccupé, qu'il se reprochait amè-
rement, nous revînmes sur la place,
où tous les étages supérieurs étaient
éclairés, chanter aux dames qui se
mettaient au lit, le beau chœur des
Mystères d'Isis : *Soyez sensibles à*
nos peines. Nos chants produisirent
un effet inattendu : les fenêtres
s'ouvrirent ; mais, dans l'impossibi-
lité de franchir l'espace qui nous
en séparait, nous fûmes, chacun

3

chez nous, attendre dans le repos,
ou dans l'illusion d'un rêve qui nous
rappelait les *bravos*, les applaudis-
semens qu'on nous avait prodigués,
l'heure de notre départ pour Cherbourg.

———

~~~~~~

CHAPITRE III,

ou

TROISIÈME DIXIÈME.

**Départ. Rencontre imprévue. Dialogue
amusant, si l'on veut.**

———

Lorsqu'il fit jour, mon domestique vint m'éveiller. J'aurais volontiers dormi quelques heures de
plus, mon sommeil ayant été très-
agité. Néanmoins je me levai. Je
répandis sur tout mon corps une

eau fraîche et salutaire, légèrement
parfumée de celle que Cologne nous
envoie, et que tant de charlatans,
sans compter le Gros-Jean-Marie
Farina, prétendent avoir perfec-
tionnée. Mon fidèle Franck me servit une tasse de thé qui acheva de
dissiper les vapeurs du punch, et
je courus rejoindre mes deux compagnons de voyage. Édouard buvait de l'eau, Auguste fermait sa
malle. L'heure du départ sonne. Madame de Bordonde embrasse tendrement son fils, nous prenons
congé d'elle, nous grimpons dans
notre CABRIOLE (2). Fouette, cocher!... Le *lapin* obéit. Ses cour-
siers vénérables, dociles à sa voix,
multiplient leurs efforts, et mettent
enfin la voiture en mouvement.

Nous avions à peine fait cinquante pas que nous éprouvâmes une secousse qui, en nous poussant les uns sur les autres, nous fit des contusions à la tête. « La maudite cage à poulets ! m'écriai-je ; pour peu que cela continue, nous arriverons en pâté à Valognes. — Cage à poulets ! répliqua Édouard ; c'est une véritable cage à dindons, suspendue sur des lattes. » Nous applaudîmes, Auguste et moi ; mais tout le monde ne fut pas de notre avis.

Sur le devant de la cabriole était une espèce de cuistre qui, malgré cela, avait comme nous retenu et payé sa place. Le mot *dindon* lui résonna dans les oreilles, sa figure, déjà fort blême, se décomposa tout-à-fait. Nous espérions qu'il

3.

nous ferait part de ses pensées; il
se tut! son silence nous le fit observer. Il était mis comme un mauvais marchand de chansons : chapeau rond, bien gras, qui dans
l'origine avait été noir; cheveux
blond - sale, poudrés, retroussés
en cadenette ; gros mouchoir à
grande bordure autour du cou;
gilet à revers, découvrant toute la
poitrine et laissant apercevoir une
chemise dont la toile avait été faite
pour des sacs à billon; pantalon de
froc de Lisieux, orné de pièces entre les cuisses et sur les genoux;
bottes très-pointues, ayant eu jadis
des revers jaunes, et rafraîchies par
quelques centaines de couches de
cirage aux œufs; par-dessus tout
cela, une redingotte de drap de

Vire, que le cuisinier de M. Roussot, contrôleur principal à Avranches, avait long-temps portée en guise de robe de chambre, après que son maître l'eut abandonnée. Tel était le costume de notre voyageur!

Nous crûmes que le ciel nous l'avait envoyé tout exprès pour entretenir la disposition que nous avions au plaisir; il devint le point de mire de nos traits de persiflage; mais comme il n'en renvoyait aucun, nous décidâmes, à l'unanimité, dans notre sagesse, de l'attaquer plus directement. En conséquence, et vu l'urgence, le dialogue suivant fut entamé :

DIALOGUE.

Nous : Monsieur va sans doute à Valognes ?

Lui : Oui.

Nous : Cela nous fait grand plaisir.... Nous aurons besoin de nous y faire raser, monsieur nous rendra ce petit service.

Lui : Comment, raser!... Me prendriez-vous pour un barbier ?

Nous : Pardon , monsieur; vous êtes peut-être perruquier?

Lui : Pas plus que barbier.

Nous : Si c'est une méprise, vous devez au moins l'excuser, car vous en avez tout-à-fait l'air.

Lui : Mon père est vitrier à Mor-

tain ; et moi je suis peut-être autant
et plus que vous.

Nous : Vous avez raison, monsieur; le fils d'un *vitrier* ne peut
être un homme ordinaire. Cela nous
donne à penser que vous faites du
bruit dans le monde, et que vous y
avez un rang élevé.

Lui : Je ne vous comprends pas.

Nous : Cependant, monsieur,
l'homme qui, sur une place publi-
que, perché sur un tabouret, chante
et distribue des chansons, fait du
bruit dans le monde et n'est pas au
niveau de ceux qui l'écoutent.

Lui: Je ne suis pas plus marchand
de chansons que vous.

Nous : Il faut alors convenir,
monsieur, que nous avons peu
d'intelligence et que nous ne sau-

rons pas à qui nous avons l'honneur
de parler, si vous n'êtes assez obli-
geant pour nous le dire.

Lui : Ces messieurs veulent s'a-
muser; cela finira, peut-être, quand
ils sauront que je suis commis à
cheval dans les droits réunis.

Nous : Monsieur plaisante.

Lui : Je ne plaisante jamais. Je
suis commis à cheval, et, sans contredit, bien fait pour l'être.

Nous : Oui , si l'administration
veut avoir des Chinois à son service.

Lui : Qu'est-ce que cela veut dire
Chinois? Qu'entendez-vous par là ,
monsieur ?

Nous : J'entends les habitans de
la Chine et de sa capitale, *Pékin*.

Lui : Ah! bah! dites tout ce que

vous voudrez; je n'en serai pas moins commis à cheval.

Nous : Tant pis, monsieur.

Lui : Pourquoi, s'il vous plaît?

Nous : Parce que nous aurions à rougir de l'être nous-mêmes.

Un nuage sombre se répandit sur nos figures, notre Alcibiade s'en aperçut ; et pour prévenir des réflexions , peut-être un dénoû-ment qu'il redoutait, il n'ouvrait plus la bouche que pour exhaler de gros soupirs , qui l'oppressaient encore lorsque nous entrâmes dans Valognes.

CHAPITRE IV,

ou

QUATRIÈME DIXIÈME.

Valognes. Contrôle principal. Table d'hôte.
Discussion. Dispute et combat.

———

Nous mîmes pied à terre à l'hôtel du Grand-Turc, dont l'hôtesse
était charmante. Chacun de nous
s'en approcha pour lui dire quelques mots de douceur, circonstance
qui doubla peut-être l'empresse-

ment qu'elle mit à nous faire donner une chambre : son mari était
jaloux..... «Garçon! brossez nos habits !....» Il s'agissait d'une visite à
M. de Nouela, contrôleur principal ; nous pouvions y rencontrer
des dames ; il y avait nécessité de
rajuster nos cravates. Nous étions
jeunes alors, et la cravate est une
des vanités de la jeunesse : toutes
les femmes ne sont pas des dames
de Staël !

Nous trouvâmes M. de Nouela
dans son cabinet, occupé à faire en-
registrer la commission du confrère
avec lequel nous avions voyagé, qui,
debout derrière sa chaise, jouait le
rôle d'un valet ou d'un méchant garçon de bureau. Nous avions pensé,
jusqu'alors, que le camarade nous

4

avait trompés ; en perdant cette douce chimère, nous eûmes au moins la consolation de voir justifier l'accueil que nous lui avions fait. M. de Nouela semblait contrarié d'être obligé de s'occuper de lui, tandis qu'il nous témoignait les plus grands égards et qu'il se félicitait de voir Auguste arriver dans son arrondissement.

M. Haudutoire, inspecteur, entra; c'était le plus franc et le plus aimable des inspecteurs. Il ne cherchait pas, comme tant d'autres, à s'élever aux dépens des subalternes; il estimait, recherchait tous les bons employés, et ne sévissait qu'envers ceux qui manquaient à leurs devoirs.

M. de Nouela nous proposa d'al-

ler visiter ses jardins. Pounail (c'é-
tait le nom du commis à cheval)
nous y suivit ; car il était *par-der-*
rière, position pour laquelle il était
né, sans doute, et qu'il affection-
nait beaucoup, si toutefois on doit
en croire certain bruit qui courait
sur son compte et qui lui a valu
plus d'un désagrément.

Dans le cours de notre promenade, nous nous arrêtâmes devant
un carré d'asperges d'une grande
beauté. M. Haudutoire, en ayant remarqué une qui, par sa grosseur et
sa forme recourbée, était vraiment
extraordinaire, soutint qu'il y avait
beaucoup de similitude entre elle et
une autre plante que M. de Nouela
avait dû souvent remarquer. Celui-
ci voulait s'en défendre. M. Haudu-

toire soutint sa proposition, nous prit pour juges, et demanda si gravement que l'objet de comparaison fût soumis à l'examen du tribunal, que M. de Nouela lui-même ne put s'empêcher d'en rire aux éclats. « L'objet de comparaison, dit-il, n'est pas en ce moment très-présentable; ce ne serait d'ailleurs jamais un morceau très-friand pour la justice; mais, mon ami, dit-il à l'inspecteur, coupez l'asperge; nous irons dans un instant voir Madame; vous pourrez la lui présenter, et vous assurer, par l'impression qu'elle produira, de l'exactitude ou de la fausseté de votre raisonnement. — J'adopte vos conclusions, répondit M. Haudutoire en coupant l'asperge; allons faire agréer nos hommages à Madame, je trouverai l'occasion de la lui présenter. »

Nous nous dirigeâmes vers le salon, où madame de Nouela s'entretenait d'un roman nouveau avec M. Guétrin, contrôleur de ville, madame et mademoiselle Guétrin. «En fait de nouveautés, lui dit l'inspecteur, permettez-moi, madame, de vous en offrir une qui est née sous vos yeux : c'est un phénomène de la nature, qui vous en rappellera peut-être un autre : voyez !.... » En regardant l'asperge, madame de Nouela parut surprise; je remarquai le sourire sur sa bouche; elle hésitait..... lorsque madame Guétrin, qui ne pouvait soupçonner la plaisanterie, s'écria : « Mon Dieu ! la belle asperge !.... — Vous trouvez ?

4.

lui dit madame de Nouela; hé bien, ma bonne amie, je vous la donne. Nous en recauserons,» ajouta-t-elle en riant, et en jetant un regard sur M. Haudutoire et sur son mari. Édouard se plaçant alors entre Auguste et moi : «Que pensez-vous de la cause? nous dit-il, avec un sérieux très-comique. — Elle est suffisamment entendue, lui répondis-je; l'asperge a gagné son procès. — Puisqu'il en est ainsi, répliqua-t-il, le tribunal, faisant droit..... Considérant.... Vu...., etc., met l'inspecteur hors de cour, et condamne le contrôleur principal aux dépens. — Et pour amende, ajouta M. de Nouela, je vous offre, messieurs les juges, un bon dîner pour après-demain. — Accepté, » répondit Édouard.

Pounail nous avait encore suivis
au salon; il y eut sur nous l'avan-
tage de fixer l'attention de ces dames. Assis dans une bergère, avec
le même costume qu'il avait dans
la cabriole, et débarrassé de son
chapeau, qui reposait sous un fau-
teuil, il avait les talons rapprochés,
les genoux élevés et la tête avancée
sur la même ligne perpendiculaire;
ses coudes étaient collés à ses han-
ches et ses deux mains à ses cuisses;
il tenait sous la droite une baguette de néflier, dont le bout était
appuyé sur une table ronde, garnie de belles tasses de porcelaine;
sa bouche exprimait un sourire
bête, et ses yeux s'arrêtaient ma-
chinalement sur la personne qui
parlait. A son air gauche et embar-

rassé, on l'aurait pris pour un im-
bécile, si l'on n'avait su que cet
Adonis était un commis à cheval.
Madame de Nouela crut devoir lui
adresser quelques mots obligeans
sur son avancement. Pour l'en remercier (car il ne pouvait parler
aux dames), il fit un mouvement
de tête en avant; sa baguette fit
rouler sur le parquet une demi-douzaine de tasses avec un sucrier. Il
voulut courir après; il accroche une
harpe, la renverse et la brise; il se
retourne pour la relever, et frappe
d'un grand coup de poing dans le
ventre mademoiselle Guétrin, qui
jette un cri; il perd alors la tête, se
sauve, enlève, en passant, un des
battans de la porte, et culbute sur
l'escalier un domestique qui tenait

un potage dans une soupière du plus grand prix.

Tous ces accidens d'une minute, n'avaient heureusement rien de bien fâcheux; nous en rîmes avec ces dames, même avec mademoiselle Guétrin, qui n'avait ressenti que la douleur du moment. Le potage renversé nous ayant annoncé l'heure du dîner, nous prîmes congé d'elles et de M. de Nouela, qui vint nous reconduire jusqu'à la porte cochère, où l'inspecteur prit la poste pour retourner à Saint-Lô, et nous pour aller nous mettre à table. L'appétit nous stimulait. Nous fûmes bientôt en présence de la gracieuse hôtesse du Grand-Turc, qui nous avait fait garder trois couverts à sa table d'hôte. Nous mangeâmes comme

des gens qui ont peu déjeûné, c'est-
à-dire sans parler; mais au dessert la conversation s'engagea entre
nous et MM. Gollat et Frépontaine, deux de nos camarades, le
premier receveur à Valognes, le
second son commis adjoint, ayant
été tout récemment nommé à la re-
cette d'Isigny.

Lorsque nous fûmes à peu près
seuls, on parla métier. Cela finit
toujours ainsi entre gens de la même
profession; et quelquefois, après
avoir discuté, l'on se dispute et l'on
se bat : c'est du moins ainsi que cela
finit entre nous, je veux dire entre
MM. Gollat et Frépontaine.

Ce dernier était un jeune homme
sans expérience. Enflé de quelques
petits succès et dévoré d'ambition,

il se croyait un être extraordinaire,
parce qu'il savait rédiger un acte au
portatif, et récapituler un état de
produits. Véritable singe de M. de
Clignant, il était arrogant avec les
redevables, présomptueux avec ses
confrères, rampant avec ses supérieurs, auprès desquels il ne négli-
geait aucune occasion de se faire
valoir, même aux dépens du travail
d'autrui. Comme il n'avait, pour
ainsi dire, aucune autre connaissance que celle de son emploi, les
mots DROITS RÉUNIS étaient toujours
en tête de ses conversations. Il ne
nous épargna pas davantage que
les personnes étrangères à la régie.
Nous le connaissions tous fort bien ;
malgré cela, il nous fit un grand
étalage de son savoir, qui, disait-il,

lui avait mérité une lettre de félicitation du directeur général; il ajouta, pour ne nous laisser rien ignorer, que son avancement était le résultat d'une discussion de produits qu'il avait faite, et que M. de Nouela avait adressée à l'administration.

Jusque là nous l'avions tous écouté; mais Gollat, impatienté, rompit tout-à-coup le silence en lui disant avec humeur : « Taisez-vous! pour votre honneur, vous n'auriez jamais dû parler de votre discussion de produits; ce n'est qu'une rapsodie qui vous couvre de honte, car d'un bout à l'autre elle contient des calomnies contre vos camarades. M. de Nouela a trop d'esprit, est trop judicieux pour avoir communiqué à

l'administration un pareil galima-
tias ; vous ne devez votre avancement qu'à vos platitudes envers
M. de Clignant, qui, malheureusement, a la confiance de M. le
Conseiller d'État, qui ne l'a jugé
que superficiellement, et qu'il
mépriserait s'il le connaissait à
fond. »

Frépontaine voulut répliquer ;
Gollat ne lui en laissa pas le temps.
« Taisez-vous ! s'écria-t-il en fureur,
ou je vous jette par la fenêtre !.... »

Édouard, Auguste et moi, res-
tions calmes au milieu de l'orage,
sans perdre de vue les deux cham-
pions.

Au mépris de la menace qui venait de lui être faite avec tant d'é-
nergie, Frépontaine voulut encore

parler; Gollat, plus rapide que l'aigle, s'élance sur lui et le tient déjà dans ses bras. Nous nous précipitons alors sur les deux combattans, que nous ne pûmes séparer qu'avec de grands efforts. Nous tenions à deux Gollat, qui, rugissant comme un lion, voulait se jeter de nouveau sur son adversaire et le faire sauter dans la rue. Le bruit qu'il faisait avait attiré dans la salle à manger l'hôte, l'hôtesse, le cuisinier, les valets, les servantes, les marmitons et les chiens de la maison. La place n'était plus tenable. Assiégés de toutes parts, je proposai la retraite vers une chambre voisine, en faisant observer à l'auditoire qu'il nous y serait plus facile d'aviser au moyen de terminer la querelle. Mon avis ayant été approuvé, nous montâmes l'escalier à la file, Gollat en tête, et Frépontaine à la queue de la colonne. Édouard seul était resté auprès de notre jeune hôtesse, qui, remise de sa frayeur, s'était assise, pendant que la valetaille et les chiens regagnaient la cuisine. Ce qui se passa entre eux.... je l'ignore; ou plutôt je ne pourrais le raconter sans indiscrétion. Je dirai donc tout simplement qu'à la suite d'une courte explication, il fut convenu, entre nous habitans de la chambre, que d'honnêtes gens ne doivent pas se battre à coups de poing, et que, suivant l'usage des anciens preux, on se munirait d'épées pour achever le combat.

A l'instant même, on se mit en

devoir d'exécuter la convention. Le rendez-vous arrêté, nous sortons en traversant la salle où Édouard se trouvait encore auprès de son Armide; ses yeux exprimaient l'amour; mais nous lui fîmes signe de nous suivre, et l'amitié l'emporta.

Comme nous paraissions dans la rue, notre conducteur mettait ses chevaux. « Vous ne tarderez pas, messieurs, nous cria-t-il; je serai prêt à partir dans dix minutes. — C'est bon; fais-toi servir un verre d'eau-de-vie en nous attendant. »

Nous étions six. Pour ne pas éveiller l'attention des amateurs de duels, je pris les devants avec Frépontaine et M. Duchamp, nouveau confrère de Gollat, qui, accompagné d'Édouard et d'Auguste, prit une autre direction. Réunis dans un chemin creux, à une assez grande distance de la ville, les deux athlètes se déshabillèrent avec calme, et mirent froidement l'épée à la main. Les fers se croisent; quelques coups sont d'abord portés et parés réciproquement; mais Collat se ranimant par degrés, bientôt Frépontaine est frappé au-dessus de la mamelle gauche. Le sang jaillit! je me précipite au milieu des épées dont j'amortis l'impétuosité; et rapprochés par leurs témoins émus, deux hommes qui voulaient s'arracher la vie s'embrassent avec attendrissement.

Nous examinons la plaie; quoique profonde, elle n'était pas dangereuse; les os de la poitrine avaient

5.

détourné le coup, qui s'était perdu dans les chairs ; sans cet accident heureux, nous serions rentrés dans la ville, chargés du cadavre d'un de nos camarades. Tout fut oublié. Nous revînmes gaîment ; notre retour semblait être celui d'une promenade.

Rentrés à l'hôtel, nous remarquâmes que nos chevaux n'étaient plus à notre cabriole. Edouard en demanda la raison au conducteur, qui répondit insolemment qu'il s'était fatigué d'attendre, que six heures étaient sonnées, et que nous pouvions aller nous coucher.

« Nous irons, lui repartit Édouard, mais à Cherbourg ; j'espère que tu ne te le feras pas dire deux fois ; et que tu attelleras de nouveau tes ros-

sinantes. — Je ne les attellerai pas.
— Je vais te frotter les oreilles, co-
quin! — Oh! vous ne frotterez
rien ; fussiez-vous cent fois plus gros
que vous n'êtes, vous ne me feriez
pas peur, et vous ne me forceriez
pas à partir. »

La discussion commençait à s'é-
chauffer ; le conducteur crachait
dans ses mains et se disposait pour
la bataille. De son côté, Édouard,
rouge comme un coq, brandissait
sa canne antédiluvienne (3). « A quoi
bon, lui dis-je en riant, te mettre
en colère ? M. le conducteur a pris
l'engagement de nous mener à Cherbourg aujourd'hui ; s'il s'obstine à
rester ici, nous ne lui devrons rien ;
il aura perdu sa journée. » Cet argu-
ment produisit bien plus d'effet sur

l'esprit du pauvre diable, que l'élo-
quence menaçante d'Édouard. Il
m'aborda le chapeau à la main, en
se plaignant qu'on ne l'avait jamais
traité ainsi. Je le consolai en lui don-
nant pour boire ; il fut chercher ses
chevaux ; et, pendant qu'il les ajus-
tait, nous scellâmes la réconcilia-
tion de Gollat et de Frépontaine,
en buvant avec eux et à leur santé
quelques verres de champagne.

———

CHAPITRE V,

ou

CINQUIÈME DIXIÈME.

Route de Cherbourg. Scène de métier. Es-
piéglerie de nos voyageurs à l'égard d'une
femme respectable.

Nous allions regrimper dans notre cabriole, lorqu'une dame d'un
âge mûr, mais qui avait encore
quelques débris de beauté, se présenta pour y réclamer une place.
Nous fîmes l'impossible pour nous

persuader qu'elle avait quelques dizaines d'années de moins, et nous nous empressâmes de la loger au fond, à côté d'Auguste, le plus jeune de nous :

Des chevaliers français, tel est le caractère!

Notre phaéton rassemble ses rênes, sa bouche donne le signal du départ, le coup de fouet retentit dans les airs, notre char fait gémir le pavé, et nous volons.... au petit pas, vers Cherbourg.

Nous avions fait environ trois lieues, sans que rien de bien important (au moins à ma connaissance) se fût passé entre Auguste et sa voisine, lorsque nous entrâmes dans un village au milieu duquel trente ou quarante personnes se trouvaient rassemblées. Je demandai ce

qu'il y avait. «Ce sont, me répondit
une femme, deux commis qui veulent entrer dans ce cabaret, et deux
buveurs qui s'y opposent.» Le sujet
me parut piquant; une pareille
aventure ne pouvait nous être in-
différente; je mis pied à terre avec
Édouard pour voir comment elle se
terminerait.

Après avoir traversé la foule, je
remarquai d'abord, sur la porte du
cabaret, deux hommes d'une taille
gigantesque, armés chacun d'un
gros bâton. En dehors, étaient deux
jeunes gens dont un avait de la
tournure et toute l'apparence d'un
homme bien né. Il tenait d'une main
une rouanne et plusieurs autres
instrumens. Son camarade avait
sous le bras deux registres, le por-

tatif et le compte ouvert. « Je vous répète, messieurs, disait le premier, que nous sommes employés des Droits réunis, et qu'à ce titre, nous devons entrer *pour procéder à nos exercices ordinaires.* — Sois le diable, si tu veux, lui répondit un des gardes de la porte, je ne veux pas que tu entres, et tu n'entreras point. — Mais, messieurs, de quel droit vous opposez-vous ainsi à nos fonctions? — Du droit qui présidait au partage du lion. Nous sommes pour vous des lions; nous sommes les plus forts, et tu n'entreras pas. — Songez, messieurs, que votre résistance peut compromettre le maître du cabaret. —Tout cela m'est égal. Je voudrais bien voir que des *rats de cave* prétendissent me faire la loi!

Éloignez-vous, canailles! ou je vous assomme. »

Cette apostrophe fit une vive impression sur l'employé; il pâlit et trembla sur ses jambes. Son camarade, s'apercevant qu'elle avait égayé les spectateurs, prit aussitôt la parole, et tirant un pistolet de sa poche : « Je sais, dit-il, que, par état, nous sommes exposés à rencontrer des insolens, et dans la triste obligation de souffrir mille injures; mais si vous portiez l'audace jusqu'à nous frapper, dussé-je perdre ma place, être pendu demain, je vous brûlerais la cervelle à l'instant même.

— Tu fais le fier parce que tu as des pistolets. Donne-m'en donc un, et mets-toi à quatre pas!.... Tu vas voir comme je sais m'en servir. —

6

Nous ne sommes point ici pour nous battre, répondit le premier employé; nous y venons pour remplir nos devoirs, conformément aux dispositions *de la loi du 24 avril 1806*. Mais nous résidons à Cherbourg. Si vous avez à vous plaindre de nous, ou quelque offense à venger, venez-y! vous y trouverez à qui parler ! En attendant ne vous mêlez pas de nos affaires, et laissez-nous exercer tranquillement.—Tout cela est inutile, répéta l'homme, en agitant son énorme bâton; vous êtes des canailles, vous n'entrerez ni l'un ni l'autre. Je vous en.....fume vous et votre loi. »

Les employés, en butte à tant d'injures, semblaient être incertains du parti qu'ils avaient à prendre. Je

m'approchai de celui que j'avais remarqué d'abord, et le prenant par
le bras, je lui dis à demi voix : « Je
n'entends rien à votre affaire, mon
cher monsieur (4), mais je crois
qu'à votre place, j'irais tout bonnement requérir le maire de m'assister
dans mes fonctions et de faire arrêter ces deux individus. Dans la
crainte qu'ils ne vous échappent,
prenez d'abord leur signalement.

—Vous avez raison, monsieur, me
répondit l'employé; je suis tellement étonné, troublé de ce qui
nous arrive, que je perdais de vue
les moyens que la loi met à notre
disposition. Voilà pourtant les ou-
trages auxquels nous sommes exposés tous les jours! C'est au point,
que, pour diminuer la haine qu'on

nous porte, j'ai cru devoir suggérer aux paysans l'idée qu'on nous tire au sort comme les conscrits, et que chacun de nous est assujéti à dix ans de service. »

Le maire demeurait à peu de distance du lieu de la scène ; il ne tarda pas à paraître avec l'employé qui l'était allé chercher ; mais les deux individus qui avaient montré tant d'impudence avec des commis, disparurent à l'aspect d'un maire de village, et s'enfuirent, comme des voleurs, par une porte du cabaret, qui donnait sur la campagne.

Le maire et les deux employés y entrèrent sans la moindre opposition. Le cabaretier, qui se montra un instant après, feignit de la surprise au récit de ce qui s'était passé ;

mais, déguisant mal l'inquiétude
qu'il éprouvait, il essaya de balbu-
tier des excuses, qui, loin de le servir, accrurent dans les offensés la
conviction que la résistance qu'on
leur avait opposée avait un motif
secret. Ils le sommèrent de déclarer
s'il n'avait pas à sa disposition d'autres boissons que celles qu'ils ve-
naient d'exercer. Le cabaretier ayant
répondu que non, ils visitèrent avec
soin toute la maison sans rien découvrir. Le cabaretier se mit alors
à crier bien haut « qu'il était affreux de soupçonner ainsi un honnête débitant, et de lui faire payer
injustement les sottises de gens
qu'il ne connaissait seulement pas,
et qui s'étaient échappés sans acquitter leur dépense.» Malheureuse-

ment, un des employés rôdait autour de la maison. Ayant remarqué un monceau de sable marin qui était adossé contre une des extrémités, et se munissant d'une gaule qui se trouvait à peu de distance, il sonda le sable et reconnut qu'il cachait un corps solide. Examinant ensuite à quelle distance il était d'un des angles du bâtiment, il rentra dans le cabaret, sonda le mur qui soutenait le sable, et finit par rencontrer une pierre mobile qui, en tombant, mit à découvert une canelle de laquelle coulait du cidre. Le cabaretier, furieux, s'emporta en propos; le maire voulut l'apaiser; des injures le payèrent de ses soins. «Verbalisez, messieurs, s'écria-t-il alors, verbalisez! c'est le

seul moyen de mettre cet insolent
à la raison. »

Les employés avaient devancé
son invitation; et pendant que l'un
d'eux travaillait extérieurement à
découvrir le fatal tonneau, l'autre
tirait de son porte-feuille le redoutable papier marqué. Il se mettait
en devoir de l'utiliser, lorsqu'il re-
marqua, au pied de la table à
laquelle il s'était assis, le bout d'un
cordon qui sortait d'un lit, sur
lequel l'épouse du cabaretier était,
disait-il, en peine d'enfant. Averti
par un secret pressentiment, et
plus encore par l'expérience, il y
porte la main, et tire à lui. La
femme en couche s'en aperçoit, se
retourne vivement, et lui demande
en colère ce qu'il fait. « Ce que je

fais, répond l'employé en tirant plus
fort, je vous accouche, madame,
sans douleurs pour vous, et je crois
assez heureusement pour moi :
voilà votre enfant!... bien dodu,
bien conditionné !.....» C'était une
outre pleine d'eau-de-vie que, depuis près de deux ans, la cabare-
tière portait sur le ventre.

« Le tour est excellent, dit le maire
en se pâmant d'aise; certes, cet
enfant-là, tout gros qu'il est, n'occupera pas beaucoup de place sur
mon registre de l'état civil.

— En revanche, répondit l'employé, je lui en promets une très-mar-
quante dans mon procès-verbal.»

La pièce étant finie pour Édouard
et pour moi, nous courûmes raconter l'aventure à Auguste, qui,

voluptueusement appuyé sur l'é-
paule de notre compagne de voyage, nous attendait, disait-il, avec
impatience.

Les superbes sites qu'on remarqué sur la route, que l'on croirait,
d'un bout à l'autre, bordée de jardins anglais, fixèrent un moment
toute notre attention; mais Édouard,
en se retournant, s'étant aperçu
qu'Auguste avait l'œil brillant et sa
voisine le teint très-animé, ou plutôt très-*refleuri*, comme il le disait
plaisamment, leur demanda en sou-
riant comment ils avaient passé le
temps durant notre absence. « Fort
bien ! répondit la vieille dame; ah!
monsieur est un jeune homme char-
mant; il est impossible d'être plus
attentionné ni plus aimable. — C'est

la perle des chevaliers, lui dis-je;
tel que vous le voyez, madame, il
serait capable de rompre une lance
pour soutenir que vous êtes la plus sé-
duisante des femmes et même la plus
belle. — Qui sait? reprit Édouard,
la lance est peut-être déjà rompue.»
En ce moment, Auguste lui pinça
le bras. «Finis donc! tu me fais mal!
il n'est pas nécessaire de me pincer
si fort; puisque tu le veux, je n'en
parlerai pas.» La dame prit un air
mystique, baissa les yeux, essaya
plusieurs fois de changer la conversation. Tout en lui répondant, nous
prîmes plaisir à nous communiquer
les idées qui naissaient de son em-
barras et de nos observations, dans
un langage de convention que, depuis quelques mois, nous avions

adopté. Nous parlions *à rebours* assez facilement, c'est-à-dire que pour exprimer cette phrase, par exemple : « une vieille femme peut encore être aimable, » nous eussions prononcé : *enu ellieiv emmef tuep erocne erté elbamia.*

La dame, qui n'y comprenait rien et qui nous voyait rire comme des fous, témoignait souvent beaucoup d'inquiétude. Par quelques mots, nous la faisions cesser, pour avoir ensuite le plaisir de la renouveler. Quelques personnes pourront nous blâmer, se récrier même contre un procédé qui ne s'accorde pas avec la fine politesse ; mais, avant tout, il faut de la franchise : l'étourderie en France a toujours eu son côté plaisant, son bon côté.

Grâce à la rapidité de nos cour-
siers, nous n'avions mis que quatre
grandes heures à faire cinq petites
lieues. Nous entrâmes dans Cherbourg au coucher du soleil; son
disque était éclipsé, mais le crépus-
cule régnait encore, et la main de
l'homme portait sa flamme, au sein
des nombreux réverbères qui do-
minent le port! Nous fûmes descendre à l'hôtel d'Angleterre, où
chacun de nous enviait l'honneur
d'offrir la main à notre étrangère,
lorsque deux jeunes gens, qui l'ap-
pelaient leur mère, la reçurent dans
leurs bras, l'emmenèrent et nous
laissèrent ainsi tous trois abandonnés à nous-mêmes, dans une ville
que nous ne connaissions pas.

~~~~~~

CHAPITRE VI,

ou

SIXIÈME DIXIÈME.

Course nocturne. Partie fine. Dégringolade.

———

Nous employâmes le temps qu'on mit à descendre la garde-robe d'Auguste et nos petits paquets, à réfléchir sur ce que nous deviendrions. Nous entrâmes dans l'hôtel pour voir s'il n'y avait pas, comme

7

à Valognes, quelqu'aimable hôtesse disposée à nous faire passer agréablement une heure ou deux ; mais nous n'y découvrîmes rien qui valût la peine de nous arrêter. Il était dix heures et demie; c'était un peu tard pour aller présenter Auguste au contrôleur de ville, M. MAINENG. Cependant nous résolûmes d'aller sonner à sa porte, en attendant que notre souper fût préparé. Un garçon de l'hôtel nous indiqua à peu près sa demeure ; et nous voilà marchand au hasard, entrant dans toutes les boutiques d'épicerie, pour demander la rue Traverse et M. Maineng.

Nous étions près d'arriver, lorsqu'une femme, à laquelle Edouard renouvelait nos questions, lui ré-

pondit : « Voici la rue Traverse.
Quant à M. Maineng, je ne le connais pas ; mais il est tard, il sera
peut-être couché. Si ces messieurs,
qui me paraissent des étrangers de
distinction, le désiraient, je pourrais les conduire dans une bonne
maison où ils s'amuseraient. —
Très-volontiers, la belle. (Elle était
vieille et laide.) Le plaisir inattendu est toujours le plus vif ; marchez
devant, nous vous suivrons. »

Nous arrivâmes bientôt à l'entrée
d'une allée sombre ; notre enchan-
teresse nous précédait en nous appelant. Elle sonna ; une porte s'ouvrit ; et quelques rayons de lumière
descendirent jusqu'à nous. Après
avoir gravi un escalier autant étroit
que rapide, nous fûmes introduits

dans un des salons de l'académie,
où trois beautés attendaient, en silence, l'occasion de faire fortune.
A notre approche elles se levèrent,
vinrent au-devant de nous; et en
nous présentant la main de la manière la plus gracieuse, elles nous conduisirent sur un vaste divan, dont, à
nous six, nous n'occupions pas la
moitié. Elles parurent sensibles à
nos hommages; celui d'Edouard surtout leur parut de très-bon goût,
excita même leur admiration. Presqu'aussitôt l'une d'elles nous adressa
diverses questions sur la partie que
nous voulions faire. « Ces messieurs jouent-ils le *piquet?* — Non,
mesdames, nous le connaissons trop
pour essayer la chance avec vous.
— Ces messieurs sont-ils bien sûrs

de ce qu'ils disent? — Mais... oui;
nous connaissons fort bien le jeu,
et nous serions désespérés de ga-
gner quelque chose ici. De préférence, nous jouerons *l'écarté*. — A
cela ne tienne, messieurs. Oh! si
vous êtes forts, nous savons aussi
manier.... les cartes. — Mettez-nous
donc promptement à portée d'en
juger. »

On disposa tout avec un empressement qui laissait entrevoir le désir de nous plaire. Les tapis furent
nettoyés, les boîtes ouvertes, les
flambeaux allumés. Chacun de nous
choisit son adversaire, et les cartes
furent mêlées. Nous n'avions à redouter que le saut.... de la coupe.
Pour le prévenir, nous eûmes les
yeux constamment attachés sur les

7.

mains de nos jouvencelles. Elles s'en servaient avec une rare dextérité ; mais, en dépit de la grâce, de la légèreté de leurs mouvemens, de leur adresse enfin, la chance fut un instant balancée. Cependant elle tourna de leur côté ; et, après avoir généreusement arrosé le panier, il nous fallut encore dénouer les cordons de la bourse pour payer à ces dames *ce que nous avions perdu*. Elles profitèrent de ce moment pour nous remercier de notre visite et en réclamer une seconde. Nous étions, disaient-elles, de très-aimables joueurs, qu'elles auraient toujours du plaisir à recevoir dans leur petite maison, de préférence à beaucoup d'autres. Elles nous reconduisirent jusqu'à l'escalier par lequel

on nous avait fait grimper. La vieille
nous y attendait, une chandelle à la
main; elle prit le devant; mes deux
compagnons la suivaient. Leur vo-
lume remplissait tellement le petit
espace par lequel nous descendions,
que la lumière ne pouvait arriver
jusqu'à moi. En cherchant les degrés, je glissai. Malgré mes efforts,
je tombai sur Auguste, Auguste sur
Édouard, Édouard sur la vieille, qui
avait lâché son chandelier; et cul-
butant les uns sur les autres, nous
lui passâmes tous trois sur le corps.
Elle se crut au dernier moment de
sa vie; ses cris retentirent sous le
toit; et, par opposition, indifférens
sur le mal que nous nous étions fait,
nous nous mîmes à rire de tout
notre cœur.

Nous étions dans la rue, et à dix pas de la maison de M. Maineng. Nous y courûmes. A force de chercher, nous rencontrâmes le marteau de la porte, qu'Édouard remua avec tant d'habileté, qu'au bout d'un quart d'heure, quelqu'un nous répondit, par une lucarne, que le contrôleur Maineng dormait. « Il dort !.... s'écria Édouard ; et nous, qui avons fait quinze lieues pour le voir, nous veillons !... Il dort ! lorsqu'il devrait être en surveillance !... — Cette exclamation toute classique nous remit en gaîté pour regagner l'hôtel, où nous attendaient deux bons poulets et un surmulet que nous eûmes soin d'assaisonner de deux bouteilles de chambertin. Puis, en faisant, par habitude, enrager les filles, chacun de nous fut chercher, dans un lit d'auberge, l'oubli des événemens de la journée.

———

~~~~~~~~~~~~~~~~~~~~~~~~~~~~~~~~~~

CHAPITRE VII,

ou

SEPTIÈME DIXIÈME.

Visite au contrôleur Maineng. Petite promenade à pied sur la frégate *l'Astrée.*

———

Nous fûmes réveillés du matin.
N'ayant qu'une journée à passer
dans Cherbourg, il fallait profiter
de tous nos instans. Notre première
démarche fut pour M. Maineng,
que nous trouvâmes en gilet trico-

té, rayé de blanc, de bleu, de vio-
let, de jaune et de vert; il était
prêt à se faire la barbe. Edouard,
en sa qualité de collègue, prit la
parole, et lui annonça le sujet de
notre visite. « Je suis *infiniment* flatté
de vous voir, répondit le contrôleur; cela me fait d'autant plus de
plaisir, que nous avons ici *grande-*
ment besoin de bons ouvriers. Se-
rait-ce vous, messieurs, qui seriez
venus hier soir?... —Oui, monsieur.
— Il était un peu tard.... — Et vous
aviez peut-être quelque raison de
ne pas nous recevoir.... — Oh! *nul-*
lement! je vous l'assure. Depuis que
je suis éloigné de ma respectable
épouse, aucune femme n'a souillé
ma couche; je suis un véritable
mysogine. — Cela nous semble in-

jurieux pour le beau sexe de votre
résidence. — L'amour, messieurs,
amollit tout. Mon corps et mon âme
sont au-dessus de ses atteintes; j'ai
de la vertu, enfin! Au surplus, j'attendais M. Auguste *précisément* aujourd'hui : lequel de ces messieurs
est M. Auguste? » Auguste lui présenta sa commission, que M. Maineng lut d'un bout à l'autre, sans
nous faire grâce d'un seul mot.
Édouard lui recommanda notre
ami. « Soyez tranquille, dit le contrôleur; monsieur sera bientôt commis à cheval. Cela ira bien. Nous
avons la clef de notre besogne; nous
avons la clef de nos instructions. A
propos de cela, il faut que je vous
fasse voir mon portatif des tabacs ;
c'est moi-même qui le tiens; si je

n'en prenais le soin, je ne pourrais
m'y reconnaître. » Et il nous fallut,
bon gré, malgré, pâlir sur son portatif, entendre la lecture d'une douzaine de paragraphes d'instructions,
d'autant de lettres, dont il ne pas-
sait ni la date, ni le numéro ; et si,
par l'effet du hasard, il ne s'y en
trouvait pas, il ne manquait jamais
de dire : *numéro..., sans numéro* (5).
Il nous fit ensuite le détail de son
existence. « Je me lève, dit-il, à cinq
heures trente-cinq minutes précises ; à cinq heures quarante-cinq
minutes, je déjeûne avec un morceau de pain et un ognon. A six
heures moins deux minutes, mon
bureau est ouvert. Je veux que *mes*
employés y soient tous rendus à six
heures cinq minutes au plus tard.

8

A six heures un quart, l'ordre est donné, signé à la marge, et ces messieurs se retirent pour aller exercer. Je travaille ensuite jusqu'à trois heures et demie, heure à laquelle je vais dîner tous les jours : puis-je espérer que ces messieurs m'accompagneront aujourd'hui? »

Nous avions formé le dessein d'aller dîner chez M. Hurtault, notre premier inspecteur; mais ayant appris qu'il n'était pas dans la ville, nous acceptâmes l'invitation de M. Maineng, qui pouvait être utile à Auguste; et, dans la crainte qu'il n'entamât une seconde conversation sur ses portatifs et ses instructions, nous le quittâmes brusquement pour aller déjeûner.

A peine fûmes-nous dans la rue,

qu'il fallut satisfaire le besoin que
nous avions de nous égayer aux
dépens du collègue d'Édouard. «Le
drôle d'original ! disions-nous ; il
veut affecter de la modestie; mais,
sous ce masque, il cache une fu-
rieuse dose de vanité.» Nous allions
poursuivre, et Dieu sait jusqu'où
nous eussions poussé nos réflexions,
lorsque nous en fûmes distraits par
la rencontre d'un officier de la gar-
nison, mon compatriote et mon
ami d'enfance, qui allait, à l'hôtel
d'Angleterre, rejoindre un de ses
camarades que je connaissais particulièrement. Je les engageai tous les
deux à déjeûner. En retour, ils nous
proposèrent de nous accompagner
dans les forts, et nous invitèrent à
dîner. Malheureusement nous ne

pouvions accepter que la proposition, l'intérêt d'Auguste ne nous per-
mettant pas de revenir sur l'engagement que nous avions pris. Nous
nous donnâmes rendez-vous sur la
place d'armes, où ils devaient défiler
la parade avant d'aller à la messe
militaire.

Car, en ce temps, régnait déjà l'usage,
Qui, de nos jours, règne bien davantage,
De faire voir, dans les jours solennels,
Nos vieux soldats au pied des saints autels.

En attendant l'heure du rendez-
vous, qui était encore éloignée, nous
fûmes voir L'ASTRÉE, belle frégate
de cinquante canons, qui avait été
lancée quelques jours auparavant.
C'était la première qu'Édouard eût
eu l'occasion d'examiner. L'aspect
de cette belle machine le remplit

d'admiration. Elle était gardée par un vieux matelot, qui, s'apercevant que nous étions étrangers, vint nous offrir d'en visiter l'intérieur. Nous y descendîmes avec lui. Édouard l'accabla de questions, entra dans tous les détails de la construction, de la mâture, du gréement, de l'armement et de l'approvisionnement d'un vaisseau. Assis au banc du timonnier, la barre en main, et les yeux sur la boussole, il se crut un instant en voyage de long cours et le rival de Neptune; il visita la sainte-barbe et la cuisine. Revenu sur le pont, il prit, dans un sabord, la place d'un canon; et, dans cette posture, il semblait caresser Amphitrite et défier ses Tritons. Il ne veut s'éloigner du bâtiment qu'après

8.

lui avoir donné de nombreux témoignages de sa haute satisfaction.
Saisi tout-à-coup d'une inspiration
magique, il se redresse, s'éloigne
en prenant l'air d'un amiral qui
passe une revue, se retourne avec
dignité, donne en revenant une
poignée de main au mât de misaine,
s'incline devant le grand mât, embrasse tendrement le mât d'artimon,
monte à cheval sur le beaupré, pique des deux sur les haubans de la
grande hune, franchit au galop,
pour y arriver, le trou du chat, et,
s'en faisant une tribune, il tousse
en orateur, puis harangue majes-
tueusement *l'Astrée*, qu'il compare
aux foudres de M. Jupin, et lui fait,
en pleurant, ses adieux. Enfin, il ne
voulut la quitter qu'après en avoir

complimenté *le coq* et touché de ses deux mains son *unique corde*, celle de la cloche, qui lui rappelait les doux sons de celle du dîner qu'on fait *sur le plancher des vaches.*

L'édifice examiné dans tous ses détails, et le vieux marin, qui nous avait servi de *cicerone*, généreusement récompensé, nous fûmes rejoindre nos deux officiers, qui, s'étant fait exempter de la messe, nous attendaient sur la place pour nous accompagner sur les travaux.

~~~~~~~~~~~~~~~~~~~~~~~~~~~~~~~~~~~

CHAPITRE VIII,

ou

HUITIÈME DIXIÈME.

Grand port de Cherbourg. La digue et le
fort du Hommet (*).

———

A l'ouest, et à un quart de lieue
de la ville, le gouvernement faisait
creuser dans le roc un grand port
destiné à la marine de l'état, ouvrage de la plus grande et de la plus
haute conception, dont les résultats sont incalculables, et dans le-

———

(*) Aujourd'hui fort d'Artois.

quel brille de tout son éclat le génie de celui qui l'a conçu.

Je regrette de ne pouvoir donner
à mes lecteurs un détail approfondi
de ces travaux magnifiques que nous
vîmes avec orgueil, et dont l'exécution, digne des plus beaux temps
de l'antiquité, fera l'admiration des
générations futures. Je n'en tracerai
qu'un rapide aperçu, et la tâche
que je m'impose est encore bien
au-dessus de mes forces.

Nous descendîmes d'abord dans
le vaste bâtardeau qu'on avait
jeté à l'entrée du port. Cette immense machine (6), qui régnait entre les deux musoirs, résistait au
courroux de la mer, et garantissait
de ses fureurs les ouvriers employés dans le fond des bassins. Des

arbres entiers, s'appuyant réciproquement et liés ensemble par des barres de fer, composaient cet édifice étonnant, qui, malgré l'énormité de son poids et de son étendue, a surnagé, de l'instant qu'on en eut retiré la glaise et la terre dont il était rempli (7). En dépit de cet ouvrage, la mer s'était frayé un passage à travers les rochers (on appelait ce passage un Renard). Elle pénétrait dans l'avant-port, au fond duquel trois mille ouvriers auraient été engloutis, si d'autres ouvriers, veillant à leur conservation, n'eussent sans cesse mis en mouvement une grande quantité de chapelets et de vis d'Archimède, qui faisaient remonter les eaux et les rendaient à la mer.

Ces machines, quoique très-mul-
tipliées, étant devenues insuffisan-
tes, on fut obligé d'établir des pom-
pes à feu, et de creuser même, sur
le passage du Renard, un puits
profond, dans lequel il se perdait,
et dont on le retirait au moyen
d'une pompe. On assurait ainsi la
sécurité des travailleurs.

C'était un spectacle admirable
pour l'observateur, que cette four-
milière d'hommes, de femmes,
d'enfans qui s'agitaient à soixante
pieds au-dessous de lui, les uns
descendant, les autres remontant
avec des hottes, des chevaux ou
des voitures chargées ou non chargées. D'autres étaient occupés, du
matin au soir, à miner les roches.
Le salpêtre était soigneusement in-

troduit dans leur sein; et lorsque
l'explosion les avait déchirées, chaque ouvrier aurait pu remporter,
dans son chapeau, quelques cailloux
épars çà et là, résultat de ses soins
et de son travail d'un jour.

Après avoir fait le tour de l'emplacement du grand port, on nous
fit remarquer, du côté de la terre,
les principaux points où l'on doit
établir des forts qui feront de Cherbourg le Gibraltar de la Manche.
Nous parcourûmes ensuite la jetée
dans toute sa longueur; et du point
où l'on devait établir deux lanter-
nes dans le genre de celle qu'on
voyait jadis à l'île de Pharos, nous
aperçûmes, à une lieue de nous environ, au milieu des eaux, la fa-
meuse digue qui ferme la rade, ap-

puyée, d'un côté, au fort Royal qui défend la passe de *l'Est*, et de l'autre au fort de Querqueville. Cette grande muraille sous-marine, construite des débris de la montagne du Roule, sous le règne de *Louis XVI*, a servi de base à la batterie *Napoléon*, qui domine le centre, entre le fort Royal et le fort du Hommet qui défend la passe de *l'Ouest*. Cette batterie, à trois étages, fut détruite le 12 février 1808 par une tempête affreuse ; plus de quatre cents malheureux furent engloutis sous ses ruines, malgré les efforts presque surnaturels que le brave amiral Trigan fit pour les sauver (8). En la rétablissant, elle fut mise à l'abri d'un pareil événement.

Revenant sur nos pas en lon-

geant le port, nous arrivâmes sur le chemin qui conduit au fort du Hommet, dont la sentinelle cria sur nous. Au qui vive! MM. Bucaille et Quênel, nos deux officiers, se firent reconnaître, et nous entrâmes avec eux dans la première batterie. Ce fut encore pour Édouard un spectacle très-imposant. Il y donna toute son attention, et nous fit part, à ce sujet, d'une ou de plusieurs conversations qu'il avait eues avec un petit commissaire des guerres de sa connaissance, dans les momens de loisir que sa superbe moitié lui laissait. Nous montâmes en causant dans la seconde batterie, de celle-ci dans la troisième. On nous procura des longues-vues, au moyen desquelles nous découvrîmes, de la plate-for-

me, la croisière ennemie sous voile
(les Anglais). Tout fut bien vu,
bien examiné. Pour ne nous laisser
rien à désirer, mes deux amis nous
conduisirent dans les chambres de
leurs soldats : c'était à l'heure du
repos. Les uns nettoyaient leurs fusils, leurs gibernes, blanchissaient
leurs banderolles; les autres dor-
maient sur le lit de camp ; d'autres
fumaient leur pipe ou jouaient à la
drogue. Tous ces braves gens se
levèrent pour saluer leurs officiers;
et, comme si nous leur eussions fait
une visite de cérémonie, ils vinrent
nous reconduire jusqu'à la porte de
leur quartier.

Durant ce temps, le contrôleur
Maineng s'impatientait. Quatre heures étaient sonnées; il fallut nous

décider à rentrer dans la ville ; mais, chemin faisant, nous convînmes avec MM. Bucaille et Quênel de nous retrouver dans la soirée au café du Nord.

———

CHAPITRE IX,

ou

NEUVIÈME DIXIÈME.

Le contrôleur Maineng peint par lui-même,
en dînant.

Bien qu'il fît une chaleur extrême,
nous marchions rapidement. En
moins d'un quart d'heure nous arrivâmes dans la rue Traverse où
nous aperçûmes de loin le contrôleur Maineng, assis dans une chaise

9.

renversée et appuyée contre le mur de sa maison, prenant ainsi le frais de M. de Vendôme. Il était tellement préoccupé, que nous lui avions présenté nos excuses avant qu'il nous eût vus. « Ma foi, messieurs, nous dit-il, en se levant très-lentement, je commençais à perdre patience; heureusement pour vous..... et pour moi, je suis d'un naturel *extrémement* posé.—Alors, surtout, que vous êtes *posé* contre un mur, à l'ardeur du soleil. — Oui; j'aime la chaleur, moi; ce n'est que son absence qui cause la mort. Au surplus, messieurs, vous voilà! Allons-nous-en dîner. Je vous ai dit, je crois, que je me mettais à table à trois heures et demie tous les jours; la faim me presse *considérablement.*

Ah !... un moment encore, s'il vous plaît! »Puis, en rentrant sa chaise, il tira d'une des poches de son gilet un petit ruban noir dont il se servit pour fixer sur sa poitrine les deux côtés de son habit, en le passant dans deux boutonnières correspondantes.«Cet habit, nous dit-il, m'est devenu, comme vous le voyez, un peu étroit; il fallait user d'un stratagème pour l'empêcher de s'ouvrir au gré des aquilons qui règnent presque *continuellement* dans notre ville; je l'ai trouvé. » Il prit enfin sa canne, son chapeau, ses gants, et nous conduisit chez son traiteur.

Le couvert était dressé dans une chambre particulière, dont la cheminée était garnie de vingt-deux bouteil-

les rangées en bataille. A cet aspect
redoutable nous lui demandâmes
s'il avait l'intention de nous faire
boire jusqu'au lendemain. « Tant
que vous voudrez, répondit-il, en
affectant un sourire. Ces bouteilles,
messieurs, ne sont pas les seules.
J'ai un petit caveau assez bien monté
en toutes sortes de vins. Je n'y tou-
che pas, pour moi, quatre fois par
an ; car, tel que vous me voyez, je
suis la sobriété personnifiée ; mais
j'en fais boire à mes amis. Ma respectable épouse m'en a fait parvenir, dernièrement encore, cent
cinquante bouteilles en trois pa-
niers. Il y en avait de six espèces,
conséquemment, vingt-cinq bouteilles de chacune. Nous en goûte-
rons de toutes, si cela peut vous

être agréable. Lorsqu'elles seront
épuisées, j'en serai quitte pour prier
ma respectable épouse de m'en ex-
pédier d'autre de notre petit Château-Gonthier : j'en ai encore laissé
dans notre petit Château – Gonthier (9)! Imaginez-vous qu'au retour de quelques campagnes que
j'ai faites assez *bravement*, je m'é-
tais retiré dans une jolie petite terre
que je possède à trois petits quarts
de lieue de notre petit Château-
Gonthier. J'avais moi-même fait
ériger la petite maison que j'y ha-
bitais, et moi-même aussi j'avais
dessiné les petits jardins qui l'em-
bellissaient. Rien qu'à la voir, on
aurait pris une juste idée de mon caractère. A l'intérieur, à l'extérieur,
tout y était simple comme moi, mo-

deste comme moi, mais d'un ordre,
d'une propreté !... C'était enchan-
teur! c'était un vrai bijou! En un mot,
je tenais beaucoup à ma petite maison. Un événement imprévu, inattendu, d'ailleurs fort honorable pour
moi, me força de renoncer à mon
champêtre asile, de m'éloigner de ma
respectable épouse, les deux seuls
biens qui me soient chers. Un beau
matin (c'était le 17 fructidor an 12,
à neuf heures précises du matin),
MM. *Pierre-Jacques Dufour,* maire
de Château-Gonthier, *Ignace-Louis
Ruffaut,* juge de paix, *Alaric-Si-
méon - François Garnier,* notaire,
entrèrent chez moi, et me surpri-
rent dans mon petit laboratoire,
travaillant à analyser quelques petits projets que j'avais conçus. Je

les priai de se rafraîchir (cela va
sans dire); et, tout en vidant une
bonne bouteille, ils me parlèrent à
peu près en ces termes :

« Mon cher Maineng, nous venons
» vous apprendre que le conseil mu-
» nicipal vient d'arrêter dans sa sa-
» gesse l'établissement d'un octroi
» dans notre petite ville de Château-
» Gonthier. Cette mesure, qui doit
» être d'un si grand intérêt pour la
» commune, deviendrait nulle, si
» nous n'avions, pour en assurer le
» succès, un homme probe, vertueux,
» éclairé. Dans une telle situation,
» nous ne pouvions balancer sur le
» choix que nous avions à faire ; un
» seul homme s'est présenté à toutes
» les pensées, et cet homme, c'est
» vous !... Maineng, avons-nous dit,

» en plein conseil, est un honnête
» homme; la probité, la délicatesse,
» brillent dans toutes ses actions :
» c'est son habitude ! Sa fortune,
» ses affaires sont dans le meilleur
» état : c'est encore son habitude !
» Il a servi avec honneur, s'est dis-
» tingué dans un grand nombre de
» combats : cela ne pouvait être au-
» trement, ce fut toujours son ha-
» bitude ! Lorsqu'il était quartier-
» maître de son régiment, il tenait
» sa comptabilité avec une précision,
» une netteté qui ont servi d'exem-
» ples : c'était aussi son habitude !
» Toute sa vie est un assemblage de
» talens et de vertus; enfin, il n'y a
» que lui, dans notre petit Château-
» Gonthier, qui soit à portée de faire
» prospérer notre octroi, et auquel

» nous puissions en confier la direc-
» tion. Le conseil nous a donc dé-
» putés vers vous, pour vous offrir
» les hommages et les vœux de nos
» compatriotes. Nous espérons, ver-
» tueux Maineng, que vous vous y
» montrerez sensible, en acceptant
» l'emploi que nous vous proposons,
» non dans votre intérêt, ce serait
» vous faire injure, mais dans celui
» de nos concitoyens. »

« Cette proposition, continua le
contrôleur, m'embarrassa. J'avais
contracté dans ma petite campagne
des habitudes qui m'étaient chères.
Mes petites faisances-valoir, mes petits jardins, ma petite basse-cour, ma
petite jument, ma petite vache, mon
veau, mes poulets, mes dindons,
ma respectable épouse; en un mot

10

tout l'ensemble de ma petite maison m'intéressait, m'attachait *considérablement*. La place de directeur d'octroi ne s'accordait pas d'ailleurs avec mes principes de simpli-
cité et de modestie. Je demandai,
pour réfléchir sur le message, deux
jours, qui me furent accordés, non
sans peine, par les députés. Je les
employai, le premier à en causer
avec ma respectable épouse, le second aux soins de notre petit mé-
nage; le troisième, à cinq heures
dix-sept minutes du matin, je partis
pour notre petit Château-Gonthier,
où j'arrivai à huit heures cinquante-
neuf minutes.

« Vous ne vous figurez pas, messieurs, oh, non! cela est impossible!
vous ne pouvez vous figurer la joie

que ma présence fit naître dans tous
les membres du conseil municipal;
ils semblaient craindre que je ne
revinsse sur ma résolution; et pour
m'en ôter jusqu'à l'idée, je fus, in-
continent, proclamé directeur de
l'octroi : il était dix heures vingt-
six minutes.

» Je me mis bientôt au courant de
ma besogne (j'ai le travail très-facile). Au bout de quarante-huit
heures, la machine était entière-
ment montée. Tout le monde fut
enchanté de ma manière d'admi-
nistrer, et je vous réponds que le
souvenir en restera long-temps dans
notre petit Château-Gonthier.

» Enfin, l'organisation du mois de
juin 1806 étant arrivée, M. le conseiller d'état, directeur général des

Droits réunis, ayant le département des octrois, récompensa mon zèle et ma capacité en m'adressant une commission de contrôleur de ville. Dans ce nouveau poste (j'ose le dire), je montrai autant d'intelligence et de facilité que dans celui de directeur de l'octroi, car, au bout de six jours, j'avais fourni mon état d'inventaires à M. le contrôleur principal, qui, à cette occasion, me dit les choses les plus flatteuses pour un homme qui a le sentiment de sa valeur.

» Nous avions, dans notre petit Château-Gonthier, dix-sept débitans de tabac : *Frinot, Simonet, Dupuis, Lamarthe, Denin, Dupoirier, Le Doux, Sansonnet, Le Brun, Castagne, Marmot, Lafrange, Ca-*

lon, *Timot*, *Cochin*, *Rivault* et *la
veuve Duport*; cinquante-deux débitans de boissons, *Coniver*, *Monta-
lin*....— Ahi! ahi! s'écria Édouard.
— Qu'as-tu donc? lui dis-je. — Eh! ce
que j'ai!.... une diable de botte qui
me pince le coude-pied...., qui me
fait un mal horrible! — Il faut l'ôter.
— Oui, sans doute, reprit M. Maineng, il faut l'ôter. Attendez, attendez! je vais vous procurer un
tire-botte. » Il se leva pour l'aller
chercher. Édouard nous dit aussitôt : « Vous êtes des ingrats; vous
» devriez me sauter au cou; je viens
» de vous épargner un supplice
» cruel, une série de cinquante dé-
» bitans de boissons!... Et pas un
» remercîment!... Allez, je vous
» maudis!... ainsi que la mémoire

10.

» infernale de mon vertueux et trop
» modeste collègue. »

Ces paroles, prononcées avec un
accent comiquement tragique dans
lequel Édouard excellait, nous firent
éclater Auguste et moi. La franchise
de notre gaîté, qu'Édouard parta-
geait à son tour, éveilla sans doute
l'inquiétude de M. Maineng, qui
s'empressa de remonter. « Ah ! ah !
messieurs, dit-il en rentrant, je
crois que vous vous amusez durant
mon absence. — C'est, lui répondis-je, pour faire diversion à l'his-
toire que vous nous racontiez; tout
intéressante qu'elle est d'ailleurs,
elle ne peut amuser des gens qui,
comme vous, ont du métier six
pieds par-dessus la tête. » Il présenta
le tire-botte à Édouard en l'enga-

geant à se mettre à son aise ; et, re-
prenant méthodiquement sa place,
« Où en étais-je donc, dit-il, lorsque
j'ai descendu ? — A votre cinquante-
deuxième débitant de boissons, mon
cher collègue, répondit vivement
Édouard. — Bon ! m'y voilà. Nous
avions, en outre, dans notre petit
Château-Gonthier, un débitant de
cartes, le sieur *Mansson*, qui était
un fraudeur, et deux entrepreneurs
de voitures publiques, les sieurs
Véloce et *Courant* l'aîné ; mais point
de fabrique de tabac ! Ainsi, vous
sentez que j'étais beaucoup mieux
dans notre petit Château-Gonthier
que je ne suis à Cherbourg. J'aurais
pu éviter ce changement, qui me
force à vivre loin de ma respectable
épouse, au moyen d'un peu d'in-

trigue; mais l'intrigue ne s'arrange
pas de la modestie dont je fais profession. Je prends donc le temps
comme il vient. J'ai une petite fortune; je puis me passer de celle des
autres. Je n'envie le sort de personne; content du mien, mon ambition se borne, comme je le répète tous les jours aux personnes
de ma connaissance, et surtout aux
employés, à traiter les affaires de
la Régie avec autant d'ordre et de
soin que les miennes propres. J'ai
toujours un millier d'écus devant
moi; il ne me manque que ma respectable épouse. Malheureusement
je ne l'ai vue qu'une seule fois depuis que je suis ici, et bien peu de
temps encore, car le sixième jour
de mon absence, à huit heures cinq

minutes du matin, j'étais de retour chez M. de Nouela, à Valognes. Il en fut tellement surpris qu'il ne voulait pas croire que je fusse allé chez moi. « Cependant, lui dis-je, on m'a vu avant-hier à Château-Gonthier, chez trois de mes amis, MM. *Pierre-Jacques Dufour*, maire, *Ignace-Louis Ruffaut*, juge de paix, et *Alaric - Siméon-François Garnier*, notaire; me voilà chez vous aujourd'hui ; et demain je serai à mon poste à Cherbourg. » J'y arrivai en effet à onze heures deux minutes, et depuis ce temps je n'en suis plus sorti. »

Le dîner finit avec le récit du bon, du modeste, de l'honnête M. Maineng (10). Il nous fit encore boire un verre de champagne et nous servit le café. Quant à la liqueur, nous

avions à choisir, notre amphytrion
en ayant fait apporter dix bouteilles
pleines sur sa table. C'en était trop
pour des gens qui avaient un rendez-vous au café du Nord. Aussi nous
dépêchâmes-nous de le remercier et
de le saluer. En nous reconduisant,
il nous dit à tous trois l'époque de
notre fête, et nous nomma le pa-
tron du jour où nous étions nés; il
savait le calendrier par cœur!

MM. Bucaille et Quènel étaient
au rendez-vous; ils nous attendaient
auprès d'un immense bol de punch
et d'une demi-douzaine de leurs camarades, qui, de leur côté, en faisaient préparer un second, que nous
bûmes tous ensemble en faisant
une partie de billard, et en fumant
des cigares anisés qu'on fabriquait

alors à Cherbourg. Je n'en ai pas
fumé depuis qui les valussent. Deux
heures s'écoulèrent ainsi très-rapi-
dement. En sortant avec nos deux
officiers, qui comme nous logeaient
à l'hôtel d'Angleterre, nous fîmes
une rencontre des plus singulières
et des plus piquantes, mais sur laquelle je dois imposer le silence à
ma plume, par égard pour trois
personnes, qui ne se soucient pro-
bablement pas de figurer dans mes
écrits, même avec des noms dégui-
sés. Je me contenterai donc d'apprendre au lecteur qu'après une
nuit charmante, où Morphée avait
fui devant la Folie, nos deux ap-
prentis maréchaux de France furent
se coucher, tandis que nous allions
rejoindre notre cabriole qui nous

attendait au haut de la côte du Roule, à une demi-lieue de la ville. C'est là qu'Auguste nous fit ses adieux et reçut nos vœux pour son avancement et son bonheur. Nous nous donnâmes réciproquement des témoignages d'amitié ; notre séparation fit couler les larmes d'Auguste : il allait nous perdre de vue, et se trouver *seul* au milieu d'une population de vingt mille âmes !.... C'était Pylade au sacrifice d'Oreste !

CHAPITRE X,

ou

DERNIER DIXIÈME.

Déjeûner à Valognes. Comparaison d'un chien avec le célèbre M. de Clignant. Ronde plaisante. Bataille d'Havrincourt. Retour et Conclusion.

———

Notre cocher, que nous avions bien traité, était devenu le meilleur enfant du monde ; il se confondait en excuses envers Édouard et

11

distribuait en même temps des
coups de fouet à ses chevaux avec
une générosité toute seigneuriale.
Ces pauvres animaux, ne reconnaissant plus la main paternelle qui les
guidait habituellement, se piquèrent
d'honneur; et, prenant le trot pour
éviter le châtiment, ils nous firent
arriver à Valognes assez tôt pour
profiter d'une invitation à déjeûner
que M. Guétrin nous avait fait parvenir à Cherbourg. Édouard avait une
faim dévorante; il mangea comme
quatre. Les radis roses, les canapés
d'anchois, les petits pâtés, les ailes
de volaille, les filets de sole, il en-
gloutissait tout! Quant à moi, dont
l'appétit n'était pas aussi complai-
sant, j'étais tout occupé d'un chien
demi-griffon, dont la physionomie

me rappelait celle du fameux M. de
Clignant; la seule différence que j'y
remarquais, c'est que les nerfs op-
tiques qui remuaient dans l'œil droit
de M. de Clignant, jouaient de la
même manière dans l'œil gauche du
chien. M. Guétrin, qui m'observait,
me demanda pourquoi je regardais
son chasseur avec tant d'attention.
Je le lui dis franchement. « Je l'aurais
parié, reprit-il en agitant sa chaise,
et en frappant sur la table; il y a
long-temps que je l'ai remarqué
moi-même; et, à cause de la comparaison, ma femme l'a nommé
Tibère. »

En ce moment, Édouard buvait
un verre de vin. La plaisanterie de
M. Guétrin l'ayant fait rire, il rejeta
le vin avec tant de force qu'il tomba

en rosée sur la table et sur la figure des personnes qui se trouvaient près de lui. Il rendait le surplus par le nez, et ses yeux étaient pleins d'eau. Cet accident lui attira force épigrammes sur les inconvéniens de la gastronomie; il combattit ses adversaires en homme DE GOUT, et, dans l'espoir de mettre les rieurs de son côté, il nous chanta la ronde suivante, que, deux ans auparavant, j'avais composée dans un déjeûner, à l'occasion du passage d'un inspecteur général.

RONDE.

AIR de la ronde des Chevilles :
Mes amis , tuons le temps.

Sur un coursier d'Arcadie,
Bon et fringant animal,

Voyage, pour la Régie,
Un inspecteur général;
    Momens doux !
    Buvons tous
Pour fêter sa bien-venue;
Ne craignons pas sa revue,
Bacchus répondra pour nous. (*bis.*)

Mes amis, bien sot qui tremble
Devant un supérieur !
Quand nous sommes tous ensemble ,
Qui pourrait nous faire peur ?
    Jusqu'au fond
    D'un flacon ,
En attendant son approche ,
Des fautes qu'il nous reproche
Allons chercher la raison. (*bis.*)

Si le chef de la Rouanne
Veut censurer nos travaux,
Jurons tous que l'on nous damne
S'il réussit par des mots.
    Bien venu ,   .
    Bien reçu ,

I I.

Nous découvrirons sa fesse ;
Et, pour prouver notre adresse ,
Nous le marquerons au c.. (*bis.*)

Et puis, s'il veut sur la sonde,
Essayer notre talent,
Aux regards de tout le monde
Nous le sondons à l'instant.
     Il verra ,
     Nouveau rat ,
Dans une telle occurrence ,
Percer avec assurance
La barrique d'un vieux rat. (*bis.*)

Satisfait de notre ouvrage
Mons de Bréb.. s'en ira
Rendre à Paris témoignage
De nos talens, et dira ;
     Oui, j'ai vu ,
     Entendu
Les employés de la Manche ;
Ils m'ont pris pour une planche (1 1) ;
Voyez !.... regardez mon c..! (*bis.*)

Cette preuve est sans réplique,
Dira le grand directeur;
Ces employés font la nique
A maint et maint inspecteur;
    Mes faveurs,
    Les honneurs,
Du zèle et de la science,
Sont le prix, la récompense :
Je veux qu'ils soient contrôleurs. (*bis.*)

Édouard chantait fort bien. Il avait à peine fini, qu'on cria : *Bis !..* Il recommença, et l'on fit *chorus* au refrain. Malheureusement pour ses auditeurs, il avait l'oreille très-délicate ; le charivari lui déplaisait; il s'arrêta; et malgré nos pressantes sollicitations, il ne voulut pas dépasser le premier couplet.

Édouard avait un autre talent aussi agréable qu'extraordinaire : il imitait, avec la bouche, le cor, de manière à faire illusion à ceux même qui le voyaient. Il essaya quelques préludes, qui firent accourir madame Guétrin, que mademoiselle suivait de près. Édouard la pria de se mettre au piano, et lui accompagna, en variations pleines de goût et d'harmonie, le joli air : *Que ne suis-je la fougère !* C'était nous dédommager amplement de la perte des cinq couplets que nous autres, Amphions de basse-cour, lui avions maladroitement cloués dans la gorge. Il fut admiré, félicité, louangé! Édouard, quoique chanteur, excepté à table où il ne se pique pas de réserve, est quelquefois modeste. Il le fut ce jour-là; car, pour se soustraire aux complimens dont on l'accablait, il prit sa canne et son chapeau, me fit signe de le rejoindre, et s'esquiva.

Entre le déjeûner de M. Guétrin et le dîner de M. de Nouela, il devait s'écouler trois grandes heures. Je proposai à Édouard d'aller en passer deux à la manufacture de porcelaine, qu'il ne connaissait pas. En la visitant, je fus séduit par la délicatesse des peintures que je remarquai sur quelques vases. J'en achetai deux pour mon usage. Ceux dont Édouard fit emplette devaient avoir un plus heureux destin ; peut-être servent-ils encore à consacrer le souvenir de ses jeunes amours, et que la personne qui les possède ne les regarde jamais sans éprouver une douce émotion.

Quatre heures sonnèrent. « C'est
la cloche du dîner! me dit Édouard,
tout surpris; avec l'air, j'entends vi-
brer mon estomac. Ne nous faisons pas attendre; partons, partons
vite ! » Et il me fit courir jusque
chez M. de Nouela, dont le repas
fut la dernière bonne chose de notre petit voyage.

Selon l'usage, on y parla de la pluie
et du beau temps, des cercles de la
ville, des ridicules de ses habitans, etc., etc. Mais vive Valognes
pour le rôti! Lesage, l'immortel auteur de *Turcaret*, l'a dit; il avait
raison! Avec le rôti et les bons vins
de M. de Nouela, parurent l'esprit
et la gaîté. Au dessert, Édouard allait soupirer une romance, c'est-à-
dire enchanter ces dames, lorsqu'un

domestique remit au contrôleur principal un paquet contenant le procès-verbal de la scène rapportée au chapitre 5. Cette circonstance fit oublier le talent du chanteur, en appelant la conversation sur les désagrémens du métier. Chacun avait sur ce sujet quelque chose à raconter; on s'animait, on se disputait la parole. Enfin, M. Guétrin, qui avait écouté tout le monde, réclama à son tour l'attention, et s'exprima ainsi :

« Avant d'avoir le contrôle de Valognes, j'étais brigadier de surveillance des tabacs dans le Pas-de-Calais. De tous les emplois de la Régie, celui-ci est, sans contredit, le plus pénible, le plus aventureux; la surveillance des tabacs peut être con-

sidérée comme un corps de parti-
sans qui manœuvre toujours au
milieu de l'ennemi.

» Un soir, sur les dix heures, le
directeur spécial des brigades, qui
résidait à Arras, me fit remettre
l'ordre de partir de suite avec ma
brigade pour Bapaume, où je rece-
vrais, dans la nuit, de nouveaux ordres. Je me mis en route à minuit.
J'attendais depuis plus de deux heures au lieu de ma destination, lorsqu'à six heures du matin, je vis entrer mon chef lui-même, dans l'auberge où j'étais descendu. « Où sont
vos hommes? » me dit-il. Je lui répondis qu'ils s'étaient jetés un moment sur un lit. «Il faut les y laisser, reprit-il ; car je crois que nous
aurons fort à faire aujourd'hui. » Il

me confia que si M. Cézeaux, directeur du département, avait été bien
informé, il n'était rien moins question que d'arrêter sur place, en cours
de transport, une bande d'une cen-
taine de contrebandiers; qu'à cet
effet il attendait la brigade de Saint-
Pol et le contrôleur ambulant de
l'arrondissement d'Arras, avec lequel il s'entendrait sur les mesures
à prendre pour assurer le succès de
l'expédition. Il me quitta ensuite
pour aller requérir la brigade de
gendarmerie d'y prendre part; mais
le brigadier se trouvait, pour le moment, seul à la résidence.

» Cependant, la seconde brigade
d'employés étant arrivée, ainsi que
le contrôleur ambulant, et le directeur lui ayant communiqué les

moyens d'exécution qu'il avait conçus et médités, nous partîmes à.
neuf heures, sans qu'aucun de nous,
employés subalternes, sût où il allait.

» Arrivés, à midi, dans les bois
d'*Havrincourt*, le directeur nous
fit faire halte. « Restez ici, nous dit-il ;
je vais reconnaître le terrain ; je ne
tarderai pas à revenir ; » et il s'éloi-
gna avec son collègue le contrôleur
ambulant.

» Nous étions sur une éminence.
Le temps était superbe ; au bout
d'une demi-heure, nous aperçûmes,
à environ une lieue de nous, dans
la plaine, vers le nord, une nuée
d'hommes et de chevaux qui ve-
naient de notre côté, et, presqu'aussitôt, nos deux chefs revenant au
grand galop.

« Vous voyez ces hommes qui descendent la campagne, nous dit le directeur ; mes amis, ce sont des contrebandiers ! Ils sont nombreux, nous ne sommes que seize, mais nous sommes les plus forts, parce que la loi nous protége. Avec du zèle et du courage, nous viendrons facilement à bout de les arrêter, de nous emparer de leurs tabacs et de leurs chefs. Je compte sur vous ; suivez-moi ! »

» Arrivés dans un chemin creux et tournant, au fond du bois, le directeur m'y plaça avec ma brigade, sous les ordres du contrôleur ambulant. « Je vais, nous dit-il, m'embusquer à un quart de lieue. Pendant qu'avec les formes voulues par la loi, vous arrêterez ici la tête de la colonne, moi je l'attaquerai en queue; il est présumable qu'ainsi prise entre nos deux brigades, nous en aurons bon marché. Je vous recommande, surtout, de ne faire usage de vos armes qu'à la dernière extrémité, et, dans ce cas encore, de ne frapper que du plat; évitons, s'il est possible, l'effusion du sang. De la confiance! s'écria-t-il en s'éloignant avec la brigade de Saint-Pol, et tout ira bien! »

» En bataille sur le chemin, nous attendions depuis une demi-heure, lorsqu'à dix pas de nous, débouchèrent quatre hommes chargés à dos et armés de mauvais fusils : c'était l'avant-garde! En nous voyant ils s'arrêtèrent court. « Halte-là! leur criai-je; que portez-vous ?... —Par-

bleu! me répondit l'homme qui était
en avant, vous le savez bien, c'est
du tabac! mais celui-là ne vous
fera pas éternuer.

— Puisque c'est du tabac, dit le
contrôleur ambulant, d'une voix
un peu altérée par la première impression que lui occasionaient la vue
de ces bandits et leur réponse, je
vous somme, au nom de la loi, de
nous représenter l'expédition qui
en autorise le transport.

— Elle est là-dedans, répondit le
même individu, en montrant inso--
lemment son fusil à deux coups;
et si vous l'exigez, dans un moment nous vous la ferons voir. »

» Presqu'aussitôt, un homme de
bonne figure, bien tourné, s'ex-
primant passablement, s'avança, et

dit, en m'appelant par mon nom :
« M. Guétrin, laissez-nous le passage libre. Tous les efforts que
vous feriez pour m'arrêter seraient
en pure perte pour vous; j'ai quatre-
vingt-dix hommes avec moi, sans
compter ceux-ci ; si vous en doutiez,
vous pourrez les voir d'où je suis. »

» Le contrôleur ambulant fit alors
avancer ma brigade; et, par un
mouvement contraire, le contrebandier recula en proportion du
terrain que nous prenions. Lorsque
nous eûmes fait vingt pas, nous découvrîmes toute la bande, armée
de frondes, de bâtons ferrés comme
une lance, entourant une quaran-
taine de chevaux chargés de grands
sacs, dont les bouts descendaient
jusqu'à terre, et formés en un cer-

cle dont leurs têtes faisaient le centre.

« Vous voyez !... nous cria le chef
des contrebandiers d'un air triom-
phant ; il serait très-imprudent à
vous, et, surtout, très-inutile, de
prétendre nous barrer le chemin.
Retirez-vous, messieurs ! autre-
ment, mes gens vous passeront sur
le ventre, et... je ne réponds pas
d'eux ! »

» En ce moment, le directeur
tombait, au grand galop, le sabre
en main, sur le côté du cercle qui
lui était opposé. Le contrôleur ambulant, saisissant l'occasion, nous
commande : « En avant ! au galop,
chargez !.. » Les contrebandiers, surpris par cette double et vive atta-
que, mais excités par leur chef qui

se trouvait, au milieu de la bande,
monté sur un vieux cheval anglais
dont il avait culbuté le fardeau,
nous lancèrent des pierres et se
serrèrent ensuite en croisant sur
nous le fer de leurs bâtons. Le directeur, les voyant ainsi disposés,
forme les deux brigades sur un
rang, et, sans perdre une minute,
nous manœuvrons autour d'eux au
grand galop, en leur présentant la
pointe de nos sabres et leur criant
de se rendre. Presque entourés par
nos seize chevaux, pressés sur tous
les points du cercle à la fois, ils
commençaient à se désunir, lorsque les quatre malfaiteurs qui
éclairaient leur marche tirèrent
sur nous. Une balle atteignit un
jeune sous-brigadier, qui tomba. A

cette vue, la clémence disparaît;
nos chefs, indignés, nous ordon-
nent de sabrer. Le directeur nous
forme à droite en bataille; nous
tombons sur l'ennemi; du premier
choc, le cercle est enfoncé, et la
déroute commence. Tandis que
ceux qui résistent se font écraser,
les plus intelligens déchargent les
chevaux, se sauvent dessus; et les
poltrons, qui sont chargés à dos,
jettent leur sac pour s'enfoncer plus
vite et plus facilement dans l'épais-
seur du bois.

» Le champ de bataille, où huit
ou dix chemins aboutissaient, était
couvert de quarante grands sacs,
que portaient autant de chevaux,
et d'un nombre à peu près égal de
petits, abandonnés par les hom-

mes. Tous les tabacs de la bande, ou à peu près, étaient donc à notre disposition. Mais nous n'étions encore assurés ni d'un homme, ni d'un cheval. Nous étions tous assez bien montés. Le directeur nous ordonna de courir après les fuyards, Il y en avait sur tous les points. J'avais remarqué le chemin qu'avait pris le chef ; je courus sur ses traces. Au bout d'une demi-heure, je l'atteignis. Il fuyait encore; mais me voyant à quatre pas de lui, le pistolet au poing, et ne pouvant plus compter sur son vieux cheval, il se jeta par terre en me criant de ne pas tirer. Cet homme était fort adroit. Si j'avais eu un bon cheval, me dit-il, avec une feinte résignation, vous ne m'auriez pas pris.

Me voilà votre prisonnier; ne me maltraitez pas; je vais vous suivre, je vous en donne *ma parole d'honneur.*

» Je m'emparai de son cheval, et le fis marcher devant moi. Chemin faisant, il m'entretenait de son malheur, me disait que sa ruine venait de se consommer; qu'il n'avait plus rien à craindre.... Il m'avait presque attendri sur son sort, lorsque, de retour au lieu de l'expédition, où mes camarades avaient ramené treize chevaux et huit prisonniers, j'aperçus couché par terre, au milieu de nos deux chefs, qui cherchaient à lui rendre l'espérance, mon jeune et infortuné sous-brigadier, blessé mortellement au côté droit.

» Neveu d'un receveur principal, il servait depuis un an dans les brigades. Je l'affectionnais, comme tous ses camarades, beaucoup. Sa situation me fit éprouver un serrement de cœur, qui se renouvelle chaque fois que j'y pense. Il s'en aperçut, me tendit la main.... «Ce n'est rien, mon ami, me dit-il, consolez-vous! tôt ou tard il faut finir. Puisqu'un de nous devait rester ici, il vaut mieux que ce soit moi que vous; je suis garçon, je ne laisse ici-bas.... que des amis.

» A ces mots, mes pleurs, que je m'efforçais de retenir, coulèrent en abondance; comme moi, tous les témoins de son malheur en répandirent; les contrebandiers eux-mêmes, dont plusieurs étaient blessés, n'y furent pas insensibles.

» Cependant il fallait partir. Les

quatorze chevaux que nous avions pris ne pouvaient porter dix ou douze milliers de tabac épars sur le terrain. Nous étions fort embarrassés ; beaucoup plus après la victoire qu'auparavant.

» Le chef des contrebandiers l'ayant remarqué, s'approcha du directeur, lui représenta que nous n'avions pas l'habitude de charger les chevaux, et lui demanda la permission de nous en éviter la peine. «Je ne mets à ce service qu'une condition, ajouta-t-il, c'est qu'après m'avoir pris, vous voudrez bien vous intéresser à moi. — Je ferai tout ce qui dépendra de moi, répondit le directeur, pour adoucir la peine que vous avez encourue. »

» De ce moment, le contrebandier

13

et ses huit hommes travaillèrent, à charger leurs chevaux et une partie des nôtres, avec autant de zèle et d'adresse que si c'eût été pour eux-mêmes. Tout étant disposé pour le départ, les tabacs restans ayant été répandus sur la terre ou jetés dans les fossés, nous n'avions plus à nous occuper que de notre malheureux camarade. Il voulait qu'on le remît à cheval : « Peu importe le moyen de transport, disait-il, puisque je dois rester à Bapaume.... pour l'éternité. »

» Le directeur s'y opposa, observant qu'au milieu d'un bois, il était très-facile de former un brancard sur lequel on pourrait le porter à bras et sans secousses.

» Saisissant encore cette occasion

de témoigner de l'empressement, afin d'inspirer plus d'intérêt, le chef des contrebandiers répondit au directeur que, s'il voulait le laisser faire, le brancard serait bientôt prêt. Il pénétra aussitôt dans le bois avec trois des siens et quatre employés, pour y couper les branches néces- saires ; mais, profitant de la douleur de ses gardiens, qui l'aidaient sans songer au dessein qu'il méditait, il disparut sans qu'ils s'en aperçus- sent.

» Le brancard n'en fut pas moins établi. Le sous-brigadier y était pla- cé ; nous allions partir.... un de nos prisonniers refuse de marcher ! Le directeur, le contrôleur ambulant, veulent lui faire entendre raison ; il n'écoute rien. Impatientés de sa résistance, quatre des nôtres, forts et vigoureux, se mettent en devoir de le lier sur un cheval; il se précipite par terre, s'y cramponne, résiste enfin, de manière qu'il fut impossible à des hommes qui n'étaient pas des gendarmes, de l'en arracher. « Non, s'écriait-il, je n'irai pas à Bapaume; vous m'y traînerez si vous voulez, mais je n'y arriverai que mort, et l'on m'y enterrera avec votre camarade. » On eut beau le questionner sur le motif de son refus, lui demander son nom, il ne répondit que ces mots : « Je n'irai pas; je ne veux pas y aller; vous ne m'y conduirez pas en vie. »

» Enfin, le directeur, plus occupé de mon pauvre sous-brigadier que du résultat de l'expédition, ordonna

le départ. « Monsieur, lui dit l'homme, en se précipitant à ses genoux,
vous en emmenez sept, c'est assez
pour votre garantie ; vous me ren-
dez un grand service ; je ne l'oublie-
rai pas. » Et se relevant lestement,
il prit un des sentiers du bois, et
s'enfuit.

　　» Nous partîmes. A moitié route,
nous trouvâmes la gendarmerie de
Bapaume, qui venait à notre se-
cours. Le directeur ayant informé
le brigadier de ce qui s'était passé,
et lui ayant donné le signalement
de l'individu que nous n'avions pu
faire suivre, il s'écria : « C'est *Cœur
de fer !* brigand fameux, sur la tête
duquel pèsent trois sentences de
mort !.... » Cela expliquait la résolution qu'il nous avait opposée. « Cou-

rez vite après, lui répondit le directeur, vous le rejoindrez peut-
être ; et si, en même temps, vous
voulez recueillir les tabacs que j'ai
été forcé d'abandonner, vous aurez,
ainsi que vos hommes, une part
dans la répartition.

» Les gendarmes, tout empressés
qu'ils étaient de faire ce qu'on leur
demandait, ne s'éloignèrent pourtant pas sans avoir témoigné leur
compassion pour mon infortuné
confrère.

» Epuisés par la fatigue, tourmen-
tés par la faim, nous n'arrivâmes
qu'à huit heures du soir à Bapaume.
Je courus chez le meilleur chirur-
gien de la ville, tandis que les employés de ma brigade déposaient
nos prisonniers à la maison de dé-

tention. Le docteur me suivit au lit
de notre camarade, auquel nos deux
chefs prodiguaient les plus tendres
soins; mais, en se retirant, il nous
déclara qu'il ne pouvait le sauver.
La balle avait pénétré les vertèbres;
il mourut dans la nuit !

» Le directeur, cruellement affecté,
ne prit aucun repos. Il rédigea, de
concert avec le contrôleur ambulant, le procès-verbal des événemens de la journée, et l'adressa par
un exprès, avec son rapport particulier, au directeur du département, à
Arras, en le prévenant que les deux
brigades ne quitteraient Bapaume
qu'après avoir rendu les devoirs fu-
nèbres à la victime de notre expédition.

» A six heures du matin, il se fit

un grand mouvement dans la ville;
c'était la gendarmerie qui rentrait,
ayant *Cœur de fer* garotté sur un
cheval. Elle l'avait guetté et saisi
dans la nuit, sur le champ de bataille, où la cupidité l'avait ramené
pour recueillir les tabacs abandonnés, dont les gendarmes avaient
chargé leurs chevaux.

» Le directeur les ayant reconnus
et réunis à ceux que nous avions,
ne s'occupa plus, toute la journée,
que des préparatifs douloureux du
dernier hommage qu'il voulait rendre au malheur. La cérémonie en
fut fixée au lendemain neuf heures.
Toutes les autorités, toute la population de la ville, suivit le fatal
cercueil au champ du repos. Le directeur y fit retentir la tombe de

sa douleur et de la nôtre; l'expression en fut d'autant plus touchante
que l'assassin de celui que nous
pleurions était presque sous nos
yeux. *Cœur de fer*, entendant passer
le convoi du fond de son cachot,
avait dit avec un sourire féroce :
« J'ai évité trois fois l'échafaud, mais
» celui-là n'évitera pas l'effet de la
» balle que je lui ai repassée. »

» La brigade de gendarmerie se
réunit aux deux nôtres pour rendre
à l'objet de nos regrets les honneurs
militaires; après quoi nous partîmes
immédiatement pour Arras, où je
suis persuadé que l'on conserve encore le souvenir d'une expédition
que l'on n'appelait jamais, à la Direction, que LA BATAILLE D'HAVRIN-
COURT.

14

»Je vous remercie, Messieurs, continua M. Guétrin, de l'attention que vous avez bien voulu prêter à mon récit. En vous le faisant, je voulais vous prouver que l'aventure des employés de Cherbourg n'est pas la plus désagréable qu'on puisse éprouver dans notre métier : je lis sur vos figures que j'ai réussi. »

En ce moment, un domestique vint nous avertir, Edouard et moi, que notre conducteur était sur son siége et nous attendait à la porte. Le jour commençait à baisser, et nous avions encore sept lieues à faire ! Nous présentâmes nos excuses à madame de Nouela, qui ne consentit à les recevoir qu'à la condition qu'Edouard chanterait sa romance ; ce qu'il fit avec empressement pour ne pas perdre de temps. MM. de Nouela et Guétrin vinrent ensuite nous reconduire jusqu'à la portière de notre cabriole, où nous leur fîmes nos remercîmens et nos adieux.

En route, il faut dormir ou causer; le dernier parti nous sembla le meilleur. Nous trouvâmes encore du plaisir à nous retracer les grandes aventures de notre petit voyage. «Tu devrais les écrire, me dit Édouard, ce serait pour toi un passe-temps agréable; il est si doux de pouvoir quelquefois oublier le vilain métier que nous faisons! Dis-moi si, pour des hommes qui ont une certaine élévation d'âme et de caractère, la plus cruelle des infortunes n'est pas d'être..... rat de cave?....

— Il y a peut-être un peu d'exa-
gération dans ta manière d'envisager notre position sociale ; cependant j'ai toujours regretté de ne
pas m'être cassé une jambe le jour
où je fus conduit à l'administration pour demander à M. Berge-
rot une commission de surnuméraire à la direction de Paris (12).
Au surplus, mon ami, si le sort a
voulu que nous fussions des... rats
de cave, puisque tu l'as dit, tout rats
de cave que nous sommes, tu n'en
es pas moins Édouard et moi Gellis,
pour les personnes qui nous connaissent. Lorsqu'on est disgracié ou
trahi par la fortune, il faut faire
comme la chèvre, broûter où l'on
est au piquet. — Et les injures ! et
les mépris !..... — Ne changent,

rien à ce que nous sommes per-
sonnellement. — Mais ceux qui
nous connaissent sont à ceux qui
ne nous connaissent pas, comme
un est à mille! Ton raisonnement
n'a pas le sens commun. En dépit
de ta philosophie, je te répéterai
qu'il est heureux d'avoir un moyen
de s'étourdir sur les désagrémens
sans nombre qui naissent sous nos
pas; ce moyen, je te l'offre.—Es-
tu fou de me donner un semblable
conseil? si j'écrivais, comme tu parais
le désirer, la relation de notre petit
voyage, où trouver des hommes assez désœuvrés, ou, si tu le veux assez,
complaisans, pour jeter les yeux
dessus? qui la lirait enfin? — Moi,
tous les rats de cave de l'univers,
tous leurs amis, tous les amis de

14.

leurs amis...., tous ceux, enfin, du chevet desquels le sommeil se sera éloigné. — Tu m'en réponds?.... — Oui. — Allons, mon cher, tu l'emportes. Puisque tu l'exiges, j'écrirai nos aventures; les imprimera, les lira qui voudra! »

Notre cabriole roulait avec plus de vitesse. Bientôt cinquante coups du fouet retentissant réveillèrent en sursaut les paisibles habitans de Carentan et leur apprirent notre retour. La diligence de Saint-Lo était sur la place; Edouard s'en fit ouvrir la portière, et me dit, comme *Altenkirkof,* en me serrant la main : « Adieu! *je retourne à mon poste!* »

FIN

ET RABATTU DE PLEINE ROUANNE.

LA TEMPÊTE

DU 12 FÉVRIER 1808,

ou

LE DÉSASTRE

DE LA DIGUE DE CHERBOURG.

La Tempête

DU 12 FÉVRIER 1808,

OU

LE DÉSASTRE

DE LA

DIGUE DE CHERBOURG.

HÉROÏDE.

« Non content d'enchaîner Bellone et la Fortune,
» Eh quoi! NAPOLÉON ose braver Neptune!
» Détruisons ses travaux... » Saisissant son trident,
Le Dieu frappe et d'un coup soulève l'Océan.

Sous l'effort des Autans, les vagues menaçantes
Heurtent avec fracas les rives gémissantes.
Des vaisseaux sont brisés, des môles sont détruits;
Les flots tumultueux se couvrent de débris;

Par des chocs opposés, l'onde s'enfle, s'élance,
Et soudain s'affaissant, présente un gouffre immense.
La foudre, siffle, éclate, et le jour qui s'enfuit
Ajoute à ces horreurs les horreurs de la nuit.

L'Aurore éclaire enfin un tableau déplorable,
Et d'un fort étonnant la chute mémorable.
Le peuple accourt en foule et borde les remparts;
Un silence inquiet règne de toutes parts.
Cependant la tempête est encore effrayante,
Et dans les cœurs glacés imprime l'épouvante.
En jetant sur les eaux un regard éperdu,
On cherche en vain la digue; elle avait disparu!
Pour comble de malheur, de nombreuses victimes
Ont avec les rochers roulé dans les abîmes.
Enfin l'on aperçoit un objet incertain,
Qui paraît, disparaît, et reparaît soudain:
On distingue une voile, et la barque s'avance...
Ils sont sauvés!... Grand Dieu! conserve l'espérance!..
Un danger est passé; mais de nouveaux dangers
Ne montrent que la mort aux hardis passagers.
De la cime des flots, soudain précipitée,
De l'Érèbe à l'Olympe au même instant portée,
La nef avec effort maîtrise le hasard.
Le marin, qui la guide avec le plus grand art,
Sans cesse offre la proue à la vague écumante,

En suit les mouvemens, et brave la tourmente.
Quel autre que TRIGAN peut ainsi manœuvrer?
Au moment où l'on croit voir la barque sombrer,
Elle évite la lame, et la masse effroyable
Qui devait l'engloutir, la jette sur le sable.

                         [reux,
On accourt... c'est TRIGAN... « De trois cents malheu-
» Quarante échappent seuls à ce désastre affreux !
» Amis, je sens (dit-il) que mes forces s'affaissent. »
Guerriers et magistrats autour de lui s'empressent,
Lui prodiguent les soins. Il reprend ses esprits.
On se tait, on écoute; et les cœurs attendris
Attendent le récit de cette nuit affreuse.

TRIGAN soupire, et dit : « La mer était houleuse;
» A de pareils effets chacun accoutumé,
» Entend gronder l'orage et n'est point alarmé.
» Rassurés sur leur sort, couchés dans leurs asiles,
» Le soldat, l'ouvrier, fatigués et tranquilles,
» S'abandonnent en paix aux douceurs du sommeil,
» Et sont loin de songer aux horreurs du réveil.
» Néanmoins la bourrasque à chaque instant augmente :
» J'entends avec effroi la lame bondissante.
» Seul, je veillais alors : un noir pressentiment
» Me faisait redouter le perfide élément.

» Rien ne résiste enfin à la mer en furie :

» Sous ses coups redoublés la roche éclate et crie.

» Les charpentes, les murs partout sont fracassés,

» Et sous leurs lourds affûts les canons renversés.

» Il me semble (saisi d'une terreur profonde)

» Que la digue se fend et s'écroule dans l'onde.

» Le jour accroît l'horreur dans mes sens éperdus :

» Sur le choix du danger je ne balance plus.

» Dans l'abîme en fureur je me jette à la nage ;

» Un vaisseau près de là redouble mon courage ;

» J'y monte : ah ! vers les miens je voulais arriver

» Pour partager leur sort, ou bien pour les sauver !

» Tout-à-coup j'aperçois des flots épouvantables,

» Suspendus comme un mont sur tous ces misérables..

» J'entends des cris perçans... puis, je n'entends plus

» Fut-il jamais destin plus cruel que le mien ! [rien...

» Que pouvais-je pour eux ? l'ouragan invincible

» Rendait à mes efforts la digue inaccessible.

» Quel désolant spectacle est offert à mes yeux,

» Lorsque je puis enfin aborder en ces lieux !

» La dévastation a gravé son passage

» Sur les travaux fameux de ce nouveau rivage.

» Des décombres, des blocs jetés de toutes parts ;

» Des cadavres meurtris et des membres épars ;

» Le reste est englouti. L'espoir de la marine

» N'offre plus maintenant qu'une immense ruine.

» Les premiers que j'arrache aux horreurs du trépas,

» Sont quinze malheureux qui me tendaient les bras.

» Contre les noirs torrens du rapide déluge,

» Un énorme pilier leur servait de refuge :

» La masse à chaque flot paraissait s'ébranler.

» Un autre à quelques pas venait de s'écrouler.

» Il n'en reste plus rien ! mais des pierres sanglantes,

» Et de corps écrasés les traces dégoûtantes,

» Annoncent trop, hélas ! que plus d'un malheureux,

» En croyant fuir son sort, l'a rendu plus affreux !

» Je m'avance plus loin : contre une énorme roche

» Un homme était debout, immobile : j'approche....

» C'était le commandant ! Un morne désespoir,

» Dans ses traits altérés, se fait apercevoir.

» Il tenait son fils mort. Insensible à sa perte,

» Aucun son ne sortait de sa bouche entr'ouverte,

» Et de ses bras roidis il fallut l'arracher :

» D'un œil sec et farouche, il semblait le chercher.

» Tout ce qui vit encor autour de moi s'assemble,

» Nous parcourons la digue en criant tous ensemble :

» Personne ne répond ! mais au fond d'un réduit,

» Il nous semble un moment entendre quelque bruit,...

» On y court. Dans ce lieu respecté par l'orage,

» De la sécurité nous retrouvons l'image ;

15

» Tandis que le trépas moissonnait à l'entour,
» De fortunés mortels étaient dans ce séjour :
» Ils ont tout ignoré! Mais quelle horrible vue
» Va porter le désordre en leur âme abattue !
» D'un péril évité la tardive frayeur,
» Frappe un de ces heureux qui succombe à la peur.

» Les momens sont pressans, et malgré la tempête,
» A fuir de ce rocher tout le monde s'apprête.
» On s'embarque en tremblant. Nous évitons la mort
» A travers cent périls, et nous gagnons le port.
» De tant d'infortunés, je ramène le reste ! »

Trigan cesse. On frissonne à ce récit funeste.
Le peuple désolé, dans ce cruel moment,
Craint d'avoir à pleurer son ami, son parent.

Par C. C.

NOTES.

NOTES.

(1) Ces masses sont de gros billots appelés *moutons*.

(2) *Cabriole*. Ce nom peut paraître burlesque, mais il ne l'est pas plus que celui de *Cabriolet*. C'est, d'ailleurs, le seul qui convienne à ces sortes de voitures dans lesquelles le voyageur est plus souvent *en l'air qu'assis*.

(3) Cette canne, qu'il tenait de moi, avait été faite d'une tranche d'un grand chêne, trouvé couché et encore garni de ses feuilles, à plus de vingt-cinq pieds du sol dans lequel on a creusé le canal du Cotentin. On en a retiré beaucoup d'autres qui étaient culbutés les uns sur les autres à une égale profondeur, et dont le bois dur et brillant était presque aussi noir que l'ébène.

(4) J'étais officier d'état-major avant d'être

15.

employé. Une émophthisie, contractée à la guerre, m'ayant forcé de quitter le service, un de mes parens, ami intime du prince de T***, tout en songeant à me lancer dans la diplomatie, me fit entrer, malgré moi, dans la Régie. J'étais si peu fait pour elle, qu'é-tant même employé supérieur, je me gardais bien de le dire aux personnes qui l'igno-raient. Je n'en faisais pas moins bien mon métier. J'ai perdu, pour l'honorer, une partie de mon patrimoine. Je n'ai dû mon avan-cement qu'à mon travail; ma mise à la re-traite fut une injustice de M. de Maleteste; la réduction de ma pension au taux de l'or-donnance du 6 mai 1818, un crime de M. Thi-bout. Il s'est montré beaucoup plus humain dans la liquidation de la sienne. J'ai en porte-feuille un manuscrit sur la caisse des retraites qui le prouvera.

(5) Pour donner une juste idée de la ponctualité du contrôleur Maineng, je cite-rai un fait qu'un grand nombre de personnes se rappelleront, si jamais elles lisent cette

bluette. M. Haudutoire (*) l'avait prié de lui adresser de Cherbourg diverses choses dont il avait besoin pour donner un déjeûner. M. Maineng lui en annonça l'envoi sur une feuille de papier d'administration; et sous le mot OBJET, qui se trouvait imprimé à la marge, il avait écrit : *saucissons, andouilles et fin pâté de surmulet.* Ce plat de la façon de M. Maineng réjouit les convives de M. Haudutoire, et ne leur parut pas le moins bon de son déjeûner. Je possède une lettre où l'on remarque la même chose pour un *chapeau ciré.*

(6) Elle avait 32 toises d'étendue, largeur de la passe du côté de la rade; cette passe a 5o toises à son extrémité et 41 de longueur. La profondeur du bassin auquel elle communique est de 42 pieds; il a 15o toises de longueur sur 121 toises 4 pieds de lar-

---

(*) M. Duhautoire, mort il y a un an, à Genève, d'une maladie, ou plutôt de chagrin : le malheur devrait-il frapper un honnête homme?

geur : c'est l'avant-port proprement dit. Une
passe de 9 toises de largeur sur 20 de longueur doit lui ouvrir, à l'ouest, une communication avec un bassin de la même dimen-
sion en longueur, sur 111 toises 4 pieds de
largeur. Ces deux bassins communiqueront
chacun, par une passe de 9 toises de largeur
sur 55 de longueur, à un troisième bassin de
repos, qui occupera, au sud, un espace de
320 toises de longueur sur 110 de largeur.
Ce dernier, ainsi que l'avant-port, aura, à
l'est, des passes de communication de 9 toises
de largeur, sur 20 de longueur, avec deux
autres bassins, demi-circulaires, où des cales
seront établies pour la construction et le
radoub des vaisseaux. Des magasins, dont
les fondations étaient de trois pieds au-dessus du sol, ont dû être achevés sur l'espace
de 55 toises qui sépare l'avant-port et le
bassin parallèle du grand bassin de tran-
quillité. Un aquéduc creusé sous le chemin
couvert du fort du Hommet, aujourd'hui
fort d'Artois, situé à l'ouest, donnera passage

aux eaux de la Manche, qui, dans leur cours, balaieront le bassin parallèle à l'avant-port et l'avant-port lui-même. Une surface de 45 toises de largeur se prolonge, ainsi que la jetée, jusqu'au fort du Hommet; c'est là qu'on établira la corderie.

Le fort du *Gallet* est détruit, et la jetée se prolonge en droite ligne, du fort d'Artois au port Marchand.

(7) Il fut enlevé en 1813, en présence de l'impératrice Marie-Louise. M. le chevalier Alissan de Chazet fit, à cette occasion, jouer un vaudeville à bord du *Courageux* ou du *Polonais*, le premier vaisseau qui soit entré dans le port.

(8) Les lecteurs que ces détails ne satisferait pas pourront jeter les yeux sur certaine héroïde qui naquit de cette calamité; je les engage toutefois à se précautionner d'une grande dose d'indulgence, car l'auteur, M. C. C., maire de C., n'était pas plus expert dans l'art poétique, que je ne le suis dans celui de la description des ports.

(9) Un fâcheux événement a prouvé que le contrôleur Maineng avait d'autres moyens d'alimenter sa cave.

(10) Ce pauvre M. Maineng, qui avait toujours à la bouche le mot *honneur*, a été depuis indignement traité ; il a été chassé de la Régie, après une enquête, pour un motif qui ne s'accordait ni avec sa modestie, ni avec sa probité : *ô tempora ! ! !*

(11) Tous les employés savent qu'à l'origine de la Régie, il existait, dans tous les contrôles principaux, des planches sur lesquelles les commis s'exerçaient au maniement de la rouanne. M. de Bréb.., qui était maigre, rit beaucoup de la comparaison : M. de Bréb.. était un homme d'esprit !

(12) Il est présumable que j'avais déjà le pressentiment de ce qui m'est arrivé.

FIN DES NOTES.

~~~~~~

TABLE

DES SOMMAIRES.

———

FIN DE LA TABLE.

Explication.

1. Grand Bassin d'eau appelé à la mer.
2. Mauvaise ou les phares seront construites.
3. Passe ou entrée du Port.
4. Avant Port.
5. Bassin parallèle à l'avant Port.
6. Passe de communication avec le grand bassin.
7. Grand bassin de repos.
8. Passe de communication avec les cales.
9. Cales pour les radoubs des vaisseaux.
10. Magasins de la marine.
11. Fondations d'un autre édifice.
12. Aqueduc.
13. Jettée sur laquelle on établira la Corderie.
14. Ancien Port du Galet qui sera détruit.
15. Fort de Hommet aujourd'hui Fort d'Artois.
16. Rade de Cherbourg.
17. Passe de l'Ouest.
18. Passe de l'Est.
19. Batteries Napoléon construites sur l'indigue qui ferme la rade.
20. Fort de l'île Pelée.

GRAND PORT DE CHERBOURG.

Echelle de 300 Toises

A Messieurs les Souscripteurs à Un Tour de Rouanne.

MESSIEURS,

Lorsque j'eus l'honneur de vous offrir mon TOUR DE ROUANNE, par l'entremise de MM. les Receveurs principaux, le généreux empressement de quelques-uns à m'adresser le montant des souscriptions qu'ils avaient reçues, me fit adopter *trop facilement* une idée qui flattait, à la fois, mon amour propre et mon intérêt. Mes anciens camarades de l'administration m'avaient assuré, m'assuraient tous les jours encore que je trouverais, parmi les employés de tous grades, *deux mille souscripteurs au moins*. Je les crus; je livrai mon manuscrit à l'imprimeur, qui m'en tira *deux mille cinq cents exemplaires*.

Malheureusement tous les Receveurs principaux du royaume, dont j'avais réclamé l'appui, ne me servirent pas avec une égale bienveillance. Sur *trois cent trente-huit*, auxquels j'avais adressé mes circulaires, *cinquante* seulement ont bien voulu s'en occuper et me répondre. Ceux-ci méritent toute ma reconnaissance; je les prie d'en agréer l'expression.

Enfin, au bout d'un an, je n'avais obtenu que *deux cents souscriptions;* et les *deux cent vingt* qui figurent aujourd'hui sur ma liste ne suffiront pas pour acquitter *la moitié* de mes dépenses.

Cependant, j'ai contracté, envers ceux de mes Souscripteurs qui ont payé d'avance, une dette d'honneur, une dette d'autant plus sacrée, que personne, *excepté M. le Receveur principal de Wissembourg,* ne m'a fait aucune réclamation.

Je l'acquitte, Messieurs, en vous adressant mon petit livre. S'il obtient de vous un sourire, vous aurez oublié le retard que je vous ai fait éprouver; peut-être même aurez-vous encore eu la bonté de le *recommander à vos amis,* et aux contribuables de votre arrondissement.

Ceux qui le désireraient, pourront le demander ou le faire prendre chez M. LHUILLIER, *Éditeur,* rue Hautefeuille, n°. 20, qui s'empressera de le leur faire parvenir, et auquel je prie MM. les Receveurs principaux dont la souscription n'est pas acquittée, de vouloir bien, à défaut d'une autre occasion, en adresser le montant *par la poste,* et en acquittant d'avance (aux dépens de l'envoi bien entendu) les 5 pour 100 des fonds et le port de la lettre.

Agréez tous, Messieurs, les sincères remercîmens de votre ancien camarade,

L'Auteur d'*Un Tour de Rouanne.*
G. F. C. D'HERMILLY.

Paris, le 25 août 1829.

NOTA. Les astériques qui précèdent les noms sur la liste des souscripteurs indiquent les souscriptions non acquittées.

LISTE

DES SOUSCRIPTEURS.

AIN. *Belley.*

MM. Duteilh, receveur principal.
Hérissé, directeur.
Clerc, entreposeur.
Dubuisson, receveur à cheval.
Meyer, receveur à cheval.
Rupiton, receveur à cheval.

AISNE. *Laon.*

* Allein, receveur principal.
* Trois employés non désignés.

Saint-Quentin.

Charlet, receveur principal.
* Chamont, contrôleur ambulant.
* Georgé, contrôleur de ville.
* Marque, commis de direction.
* Lorin, employé des douanes.
* Constance, receveur à cheval.
* Collard, commis adjoint.

(4)

AUBE.   *Nogent-sur-Seine.*

    * Jeanson, receveur principal.

CALVADOS.   *Caen.*

    * Rageot-Laroche, direct. du dépt.

CHARENTE.   *Barbezieux.*

    Luce, receveur à cheval.

    Frichou, ex-receveur à cheval.

    Merlet, receveur à cheval.

    Colomès, commis adjoint.

CHARENTE INFÉR.   *La Rochelle.*

    Molroguier, direc. du départ.

    Normand-Dufié, recev. principal.

CÔTES-DU-NORD.   *Dinan.*

    * Hurvoy, recev^r princ^{al} et 6 empl.

DORDOGNE.   *Sarlat.*

    Blanchard, recev^r princ^{al} et 2 empl.

EURE.   *Evreux.*

    * Dantard, receveur principal.

                           Bernay.

    * Oshiell, receveur principal.

FINISTÈRE.   *Châteaulin.*

    Savantier, receveur principal.

    De la Roque, receveur à cheval,

Delafargue, receveur à cheval.

Dubois, commis adjoint.

GARD. *Nîmes.*

    * Guynet, receveur principal.

    * Rochier, receveur à cheval.

GARONNE (haute). *Saint-Gaudens.*

    Montmory, receveur principal.

GIRONDE (haute). *Libourne.*

    Prieur, receveur principal.

    Bertrand, receveur à cheval.

    Dubernet, commis adjoint.

    Enès, receveur à cheval.

    Laclaverie, receveur à cheval.

    Isambert, receveur à cheval.

HÉRAULT. *Saint-Pons.*

    * Guiraud, Martial, rec. principal.

    * Deux employés non désignés.

ILLE-ET-VILAINE. *Montfort.*

    * Jac, directeur.

    * Eparvier, receveur principal.

ISÈRE. *Bourgoin.*

    Michal, directeur.

    Gâche, contrôleur ambulant.

(6)

Gautier, receveur à cheval.

Chazel, commis adjoint.

JURA.   *Saint-Claude.*

* Claude, recev^r princ^{al} et 6 empl.

LANDES.   *Dax.*

Dupoy, receveur principal.

Les receveurs ambulans de Dax,

Pespréhorade, Montfort, Pouillon,

Linope et Saint-Georges de Mar.

LOIR-ET-CHER.   *Romorantin.*

* Saget, directeur.

* Bréchot, receveur principal.

LOIRE.   *Saint-Etienne.*

* Pantrier, recev^r princ^d et 1 empl.

LOIRE INFÉRIEURE.   *Nantes.*

Citerne, ex-contrôleur ambulant.

Durostu, contr. de comptabilité.

Arnous, receveur principal.

LOIRET.   *Orléans.*

* Pétaut-Grancour, recev. princip.

* Chalon, receveur à cheval.

LOT-ET-GA-   *Villeneuve d'Agen.*

RONNE. Despeyron, recev. principal.

Woillez, directeur.

Clavet, entreposeur.

Disdier, receveur à cheval.

Clinchamps, commis adjoint.

Gardeleaud, recéveur à cheval.

Roubières, receveur à cheval.

Vergès, commis adjoint.

Bord, employé.

MANCHE. *Coutances.*

* Le Boucher de Vigny, rec. princ.

* Le directeur.

* Le contrôleur de ville.

Mortain.

* Miquelard, receveur principal.

* Le Tessier, receveur à cheval.

Cherbourg.

Coquoin, receveur principal.

* Le contrôleur de ville.

* L'entreposeur.

* Deux receveurs à cheval.

MARNE. *Epernay.*

Carbois, recev^r princ^{al} et 12 empl.

Reims.

* Curmer, recev^r princ^{al} et 7 empl.

MARNE (haute).   *Chaumont.*

     * Froussard, recev. principal.

     * Bailly, receveur à cheval.

     * Asséré, receveur à cheval.

     * Roret, receveur à cheval.

MEURTHE.   *Lunéville.*

     * Belcour, directeur.

     * Candras, receveur principal.

MORBIHAN.   *Vannes.*

     Hay-Durand, receveur principal.

     De Saint-Gonant, recev. à cheval.

     Leroux, receveur à cheval.

     Artur, receveur à cheval.

     Delorme, commis adjoint.

NIÈVRE.   *Clamecy.*

     Servolle, receveur à cheval.

     Moreau, commis adjoint.

     Buttet, receveur à cheval.

     Fauconnier, adjoint.

     Raveneau, receveur à cheval.

     Bussière, adjoint.

     Thierry, receveur à cheval.

     Gibaudan, adjoint.

Cosne.

Guibert, contrôleur ambulant.

Voillemier, receveur sédentaire.

Thiellement, chef de service.

Monnier, commis à pied.

Roy, commis à pied.

Oriez, receveur à cheval.

Ragot, receveur à cheval.

Cœur, adjoint.

Hardy, receveur à cheval.

Pinasson, adjoint.

NORD.   *Douai.*

Lambrecht, receveur principal.

Bourgeois, receveur à cheval.

L'entreposeur.

Häzebroucq.

* Le Tombe, receveur à cheval.

OISE.   *Compiègne.*

Guy, receveur principal.

Aumont, receveur à cheval.

Dudoussat, receveur à cheval.

Marlier, receveur sédentaire.

Gournay, commis à pied.

Ternon, commis à pied.

Langlois, surnuméraire.

Senlis.

Migneron, receveur principal.

Hérou, receveur à cheval.

Féry, adjoint.

Deprié, receveur à cheval.

Chailly, adjoint.

Simart, adjoint.

Colard, receveur à cheval.

Laforgue, commis à pied.

Orne. *Mortagne.*

* Dandré-St.-Victor, recev. princip.

* Frappart, contrôleur ambulant.

* Demay, receveur à cheval.

* Le Rouyer, commis adjoint.

* Girard, commis, 1re classe.

* Bizet, contrôleur de ville.

* La Forest, commis à pied.

* Le Franc, commis à cheval.

* Prévost, commis à cheval.

Le Mercier, commis à cheval.

Pyrénées (Hautes-). *Bagnères.*

* Brunat, recev^r princ^{al} et 2 empl.

RHIN (Bas-). *Wissembourg.*

Darlon, receveur principal.

Daclon, directeur.

Maret, contrôleur ambulant.

Guérin, recev. partic. des finances.

Hugo, receveur à cheval.

Kemperdick, receveur à cheval.

Nouffert, receveur à cheval.

Lindwurm, adjoint.

Vaultrin, adjoint.

SARTHE. *Mamers.*

Maziet aîné, receveur principal.

Saint-Calais.

Clavier, directeur.

Saint-Lot, entrepreneur.

Boucard, receveur à cheval.

Duval, receveur à cheval.

SEINE-ET-MARNE. *Melun.*

* Loisel, recev^r princ^{al} et 6 empl.

Fontainebleau.

* De Longchamps, recev. principal.

Meaux.

* De Martinprey, recev. principal.

SEINE-ET-OISE.　　　*Corbeil.*

Thibault, commis à pied.

Jacquemet, receveur à cheval.

Le Rendu, receveur à cheval.

Rambouillet.

* Teissier, receveur principal.

SOMME.　　　*Amiens.*

De Ponthon, rec^r princ^{al} et 3 empl.

Péronne.

Jeunehomme, rec^r princ^{al} et 2 emp.

VENDÉE.　　　*Les Sables.*

* Richard, recev^r princ^{al} et 5 empl.

VIENNE.　　　*Chatellerault.*

Arquinet, recev^r princ^{al} et 3 empl·

VIENNE (Haute-).　*Saint-Junien.*

* Aulard, employé.

VOSGES.　　　*Remiremont.*

Marc, recev^r princ^{al}. et 2 employ.

YONNE.　　　*Sens.*

* De Vaultcourbon, rec. principal.

* Dubaux, directeur.

Dutel, son épouse et leur fils
Louis.
Ducos fils.
Dutay.
Dubourcq et sa maman.
Durand Brager, ses enfans et ses employés.
Duvau.

Keller (George), imprimeur en étoffes, et Emmanuel son fils.
Kenzler père.
Kenzler fils.
Kerszler fils.
Kindermann père

NOUVEAU

LA RÉVO...

178 ANECDOTES HIST...

Dans lesquelles apparaît...

CONCORDANCE...

PAR G. TOUCHARD...

Auteur du Génie de...

C'est dans les anecdotes que se peignent...

DEUXIÈME édition.

CODE

Du Littérateur et du...

PAR UN ENTREPRENEUR...

www.ingramcontent.com/pod-product-compliance
Lightning Source LLC
Chambersburg PA
CBHW060542210326
41519CB00014B/3320